Helge Schönhusen

Die Kunst des Humors

Eine Formel fürs Leben – 1. Buch

Für mehr Gelassenheit, Beziehungsglück
und seelische Gesundheit

1. Auflage Januar 2015

Gutenbergstr. 19, 12557 Berlin
hschoenhusen@gmail.com
www.humor-formel.de
www.twitter.com/satirefrosch
Herstellung und Druck: Siehe letzte Seite

ISBN-10: 1503013855
ISBN-13: 978-1503013858

Das menschliche Gehirn ist sich bewusst gewordene Materie. Den Humor braucht es, um mit dieser Enttäuschung fertigzuwerden.

Über das Buch

Wer Humor hat, ist eindeutig im Vorteil. Wer keinen hat, kann sich welchen zulegen – oder welchen ausdenken. Denn spätestens ab jetzt, mithilfe dieses Buchs wird es möglich, Humor wahrhaft zu begreifen, seinen herausragenden Wert aufgrund unzähliger erstaunlicher Wirkungen für unser Leben zu erkennen. Viel zu wenig wissen wir über ihn, über Scherze, Witze und Gags, über Komik, Comedy und Satire. Trifft es zu, dass die Deutschen sich mit ihrem Humor noch immer schwertun, dass Männer, wenn überhaupt, die Scherze machen, während Frauen darüber lachen? Was sollte sich hier ändern, wie passt Humor in den Zeitgeist, und was tut sich in sozialen Netzwerken dahingehend? Weshalb ist Humor ausgerechnet jetzt ein Thema? Weil die Welt verrückt anmutet? Weil das Leben uns überrennt, sodass wir neue Strategien für unsere seelische Verfassung brauchen? Oder weil es mit echten, nachhaltig wohltuenden Kontakten zu unseren Mitmenschen zunehmend schwieriger wird? Nach Behandlung solcher Fragen kommt der Autor in beispielloser Weise einem großen, längst überfälligen Rätsel auf die Schliche, und zwar der Formel, die ganzheitlich erklärt, wie jeder Humor funktioniert, in seinem Kern aufgebaut ist, gezielt erdacht werden kann. Eine Riesenmenge treffender Sprüche und amüsanter Beispiele sorgt darüber hinaus für originelle Anschaulichkeit und Spaß vom Feinsten.

Inhalt

Über das Buch
Einführung

Teil I
Wunderwerk Humor

Vier Irrtümer entsorgen	8
Humor ist eine ernste Angelegenheit	13
Ist unser Humor noch zu retten?	16
Haufenweise Online-Spaß	30
Ziemlich einfallsreiche Blödelei	32
Nusscreme-Kaffee-Keks-Harmonie	33
Der übliche Job-Irrsinn	34
Beziehungstheater	35
Frivoler Humor	37
Schwarzer Humor	38
Single-Melancholie	39
Digitale Selbstreflexion	40
Psycho-Eigentherapie	41
Amateur-Satire	43
Haben Sie genug Humor? Oder nur genug von Comedy?	53
Niemand sehnt sich nach humorlosen Menschen	56
Was ist Humor?	59
Erstaunliche Effekte	65
Risiken und Nebenwirkungen	76
Nicht allein die Dosis macht das Gift	77
Wer versteht schon andauernd Spaß?	79
Der Draht zum Humorempfänger	84
Männlicher Humor	87
Humor verträgt sich nicht mit Macht	89
Zielscheiben können nicht lachen	96

Teil II

Die Welt ist verrückt – werden Sie es nicht auch Warum Sie Ihren Humor jetzt dringend brauchen

Alles wird gut? Träumen Sie weiter! 100
Die Medien saugen uns Humor ab 111
Sind wir noch bloß komisch oder längst neurotisch? 114
Warum unser Humor uns glücklich macht 124
Wer später stirbt ist kürzer tot 131
Geschlechter-Alarm 140
Neueste Technik, aber Steinzeitkommunikation 155

Teil III

Von der Vielfalt zum universellen Kern

Ein Chamäleon namens Humor 168
Frauen, Männer und Humor 170
Humor der Völker 176
Globaler Humor 180
Die Praktiker müssten es wissen 183
Allmählich gleiche Muster erkennen 185
Ein Modell für jeden Humor: Die Komikeinheit 189
Typisch menschlicher Gegenstand 190
Doppeldeutung 193
Ungewisser Spott 195
Intuitiver Stil mit Pointe 199

Nichts ist so ungewiss und so wenig genau umrissen wie unsere Anschauungen über den Humor.

Henry Fielding

Einführung

Humor ist für die meisten Menschen das, was sie von anderen erwarten, was gut von ihnen stammen könnte oder was ihnen einfällt, nachdem die anderen längst weg sind.

Vor allem Comedians und Kabarettisten, Autoren, Redner und Moderatoren sollen immer schön witzig und humorvoll sein. Nicht zu vergessen all die notorischen Scherzkekse und Spaßvögel, denen der Humor in die Wiege gelegt worden zu sein scheint.

Aber Sie? Haben Sie genug Humor? Verstehen Sie Spaß? Verstehen Sie Humor, wie er funktioniert? Bringen Sie Ihre Mitmenschen zum Lachen? Auch gezielt, bewusst, stets dann, wenn Sie es wollen, die Situation es erfordert, nicht also nur in jenen seltenen Momenten, in denen Sie mal zufällig witzig oder unfreiwillig komisch sind?

Möchten Sie Ihren Humor gern verbessern oder wiederfinden, neu erfinden, überhaupt erst entdecken? In diesen Fällen sind Sie hier richtig. Und daher gleich die gute Nachricht: Humor lässt sich, Unkenrufen zum Trotz, durchschauen, erlernen, üben, entwickeln. Aktiver Humor ist keine unveränderliche, genetisch zementierte Gabe – er ist eine Kunst, deren Handwerk auch auf Wissen basiert. Nur fehlt den meisten an Humor Interessierten dieses Wissen, und das, obwohl sich die Erkenntnisse der Menschheit alle fünf bis zwölf Jahre verdoppeln, die Medien uns mit Informationen überfluten, Ratgeber fast jedes Thema etliche Male wiederkäuen, die Welt immer transparenter wird.

Ein Wunder ist das nicht: Mit Humor verhält es sich ganz anders als mit Themen etwa wie Glück, Gesundheit, Partnerschaft, Ernährung, Kinder, Auto, Reisen, Fußball, Computer, Politik oder Geld. Was haben wir nicht schon gehört und gelesen darüber, selbst erlebt, durchdacht und ausprobiert, was könnten wir erzählen, den Leuten alles raten? Aber Humor? Da hört's auf, hört man die immer selben Floskeln: „Lachen ist gesund“, „Humor hat man oder hat man nicht“, „Humor ist, wenn man trotzdem lacht“, „Der Partner sollte humorvoll sein“ und so weiter und so gut und so wenig hilfreich.

An das Thema Humor gehen selbst Philosophen, Psychologen, Anthropologen und Medienexperten nur selektiv, nie ganzheitlich heran. Einzelne Erscheinungen wie das Lachen, Witze oder Comedy werden einseitig betrachtet, Vielfalt und Unterschiede der Humorformen ermüdend beschrieben, Spuren von Komik in klassischen Werken literaturwissenschaftlich zerredet oder Wirkungen des Humors allein für die Psychotherapie geschildert. Für ein umfängliches Wissen der Allgemeinheit jedoch zwecks praktischer Anwendung im täglichen Leben wurde bislang kaum etwas erreicht.

Noch weniger zu erwarten haben wir von den professionellen Anwendern des Humors in Gestalt der Comedians, Kabarettisten und Gagschreiber: Die lassen sich entweder, ähnlich Zauberern mit ihren Tricks, nur ungern in die gewinnbringenden Karten schauen oder wissen selbst nicht so genau, wie ihr kreatives Talent eigentlich funktioniert.

Deshalb bildet Humor nach wie vor einen mächtigen weißen Fleck auf der Landkarte unserer bewussten Lebensgestaltung. Humor, dieses begehrte Gut menschlicher Kommunikation, dieser hoch angesehene Persönlichkeitswert, mit dem wir täglich zu tun haben, zu tun haben sollten, ist ein Phänomen: Damit er spontan gelingt, bedarf es einer originellen Inspiration zum perfekten Zeitpunkt mit den richtigen Leuten in der passenden Stimmung und Situation. Leider bietet unser Alltag solche Bedingungen viel zu selten: Der Ernst des Lebens mit all seiner Hektik und Unsicherheit, seiner Betroffenheit, Angst und Erschöpfung, all dem wichtigtuerischen, gleichgültigen oder rücksichtslosen Gebaren vieler Mitmenschen funkt ständig dazwischen, dass einem der Spaß auf Dauer vergehen möchte. Setzen wir uns dann aber hin, um uns in Ruhe Humor auszudenken, gezielt zu erfinden, ist er gleich gar nicht mehr zu fassen, wird er zu einer so flüchtigen wie verflixten, kopfzerbrechenden Angelegenheit.

Haben Sie in solchen Fällen nicht auch das Gefühl, über Humor genauso viel zu wissen wie über Quantenkryptografie, also nichts? Ich hatte es, verspürte den Drang, das Phänomen Humor endlich derart ergiebig und ganzheitlich zu entschlüsseln, dass man begreift, was Humor tatsächlich bedeutet, was er bewirkt, wie er funktioniert, wie man ihn bewusst und gezielt herleiten kann, jederzeit, nach einem leicht verständlichen Muster, einer praktischen, einheitlichen Formel.

Denn nicht mal in den Bergen von Artikeln und Ratgeberbüchern über Kommunikation, Moderation, Präsentation und Erziehung, über Rhetorik, Schreiben, Erfolg und Schlagfertigkeit, über Glück, Partnersuche und Partnerschaft, über Gesundheit, Selbstwert, Selbstbestimmung, Gelassenheit und Kreativität wird Näheres über Humor geschrieben, geschweige denn darüber informiert, wie er funktioniert.

Dazu kommt es einem so vor, als suchten die Menschen ihr Glück heutzutage in Tausenden möglichen wie unmöglichen, teuren wie abenteuerlichen Dingen und Handlungen nur als halbherzigen Ersatz für eine angenehme, anregende, empathische und humorvolle Kommunikation mit netten Leuten.

Was den Humor dabei betrifft, wollen das vorliegende Buch sowie zwei weitere Bücher aus der Reihe „Eine Formel fürs Leben“ diesen Mangel mithelfen zu beheben. Am Ende werden Sie damit über sämtliche Informationen verfügen, um witziger und humorvoller sein zu können: Anfangs noch mit Einsicht und Verstand, systematisch anhand gezielter Methoden. Aber schon nach kurzer Zeit wird Ihnen das Witzige und Humorvolle immer häufiger auch intuitiv gelingen, spontan, schlagfertig, fast wie von selbst.

In diesem ersten Buch erwartet Sie zunächst ein ungeschminkter Blick auf unser angespanntes Verhältnis zum Humor. Denn trotz ihrer vielfältigen, meist positiven Wirkungen vernachlässigen wir wohl keine andere menschliche Äußerungsform dermaßen sträflich wie den Humor. Und findet das Thema ausnahmsweise nähere Beachtung, scheiden sich quälend daran die Geister, werden althergebrachte Vorbehalte, Irrtümer und Missverständnisse sichtbar.

Die hierzu mit einem Augenzwinkern präsentierten Wahrheiten sollen Sie in Ihrem Eifer aber nicht bremsen, auch wenn sie noch so ernüchternd anmuten mögen: Im Gegenteil, sie sollen Sie beflügeln, humorvoller zu werden, etwas zu wagen, weil Sie nur so gewinnen, sich seelisch beleben, stärken, schützen, unabhängiger machen können, und zwar in fast jeder Situation unseres oft so gezwungenen Daseins.

Anzeichen eines verheißungsvollen Wandels, etwa in Form des neuen Online-Humors, finden wir allemal; Sie werden staunen, was da alles geht und passiert. Darüber hinaus gewährt Ihnen das Buch neue Einblicke in die Wunderwirkungen des Humors auf unser Alltagsleben. Von denen gibt es deutlich mehr, als Sie sich vermutlich jemals bewusst waren. Entweder verkennen, unterschätzen und vernachlässigen wir diese Wirkungen regelmäßig, oder sie fallen den berühmten Risiken und Nebenwirkungen zum Opfer, die gefährlich hinter jedem unserer Humorversuche lauern. Als Medizin ist Humor zwar nicht verschreibungspflichtig, doch kann er wie eine Droge leicht glückstaumelig bis süchtig machen, voll daneben gehen, peinlich übers Ziel hinausschießen. Daher bekommen Sie die Packungsbeilage für einen maßvollen, geschickten Gebrauch gleich mitgeliefert.

Anschließend zeigt Ihnen der zweite Teil, inwiefern Sie auf Ihren Humor und dessen Entfaltung dringlich angewiesen sind, heutzutage mehr denn je. Erfahren werden Sie etwas über unsere zwiespältige Natur, die wir im Interesse einer intakten seelischen Gesundheit – von kindlich blödelnd über selbstironisch scherzend und geistreich witzelnd bis fantasievoll verrückt – intensiver ausleben sollten. In den meisten Fällen können wir die Widersacher unseres Wohlbefindens nicht einfach ausschalten, wir können aber schlauer mit ihnen umgehen, im besten Fall als Steilvorlage nehmen, um sie zu unserem Vorteil zu verwandeln.

Humor spielt dabei eine Schlüsselrolle, weshalb es auch um die Frage gehen wird, wo dieser ganze im Alltag fehlende Humor geblieben sein könnte: Haben die Medien ihn uns abspenstig gemacht, der wachsende Leistungsdruck der Arbeitgeber ihn erstickt, die Krisen und Ungerechtigkeiten unseres Lebens ihn geraubt? Was richten die rasanten Veränderungen in der Welt überhaupt mit uns an, wie schlimm ist es bereits um unsere Seelenschieflagen bestellt? Sind wir noch bloß komisch oder längst neurotisch? Und was haben das Glück und ein Glaube mit unserem Humor zu tun? All die Faktoren, die uns täglich den Spaß verderben, fordern unseren Humor eigentlich erst richtig heraus. Daher sollten wir nicht wie gelähmt unter ihnen leiden, stattdessen als wertvollen Rohstoff und beliebte Zielscheibe für Humor begreifen.

In Zukunft wird zudem nicht nur das bisweilen recht verzwickte Verhältnis der Geschlechter zueinander vermehrt auf Humor angewiesen sein: Unsere gesamte so hysterische wie abgeflachte bis leere Kommunikation, ob herkömmlich analog oder mit dem neuesten digitalen Technikzauber aufgerüstet, hat dringend mehr Humor nötig. Ein Umgang zwischen den Menschen, dem es an Humor mangelt, ist nicht nur anfälliger für frostigen Stress, empfindungslose Monotonie oder lähmende Langeweile, sondern ebenso für Fremdheit, Voreingenommenheit, Wichtigtuerei und Intoleranz. Mit der Zeit erweist sich ein Manko in Sachen Humor als regelrecht asozial und psychisch riskant. Solange wir halbwegs zufrieden, ausgeglichen, gesund, friedlich, erfolgreich und sozial eingebunden leben möchten, können wir uns gerade das nicht mehr leisten.

Deshalb führt Sie der schließlich dritte Teil über die zahllosen Erscheinungsformen des Humors, den ungleichen Umgang der Geschlechter mit Humor sowie den vermeintlich unterschiedlichen Humor der Völker hin zu dem einheitlichen Modell der Komikeinheit. Anhand dieses Modells werden Sie Humor allmählich verstehen, wie er konstruiert ist, wie er funktioniert und gezielt erdacht werden kann. Absolut jeder gelungene Humor, jeder Witz, jeder Scherz zeigt ein gleiches Muster, setzt sich aus regelmäßig vier Bausteinen der Komikeinheit zusammen: dem typisch menschlichen Gegenstand, der Doppeldeutung, dem ungewissen Spott und dem intuitiven Stil mit Pointe. Sobald Sie diese vier Bausteine durchschauen, werden Sie sich mit Ihrem Humor deutlich leichter tun.

Weiterführend behilflich sein können Ihnen dabei auch das zweite und dritte Buch „Der Bauplan des Humors" sowie „Humor kreativ", für das Ihnen die hier erste Beschreibung der Komikeinheit als Vorgeschmack dienen soll. Falls Sie allerdings noch immer nicht beabsichtigen, Ihrem Humor eine neue Chance zu geben, dadurch selbstsicherer, seelisch stabiler, amüsanter, beliebter und attraktiver zu werden, lassen Sie sich eben nur informieren und zusätzlich gut unterhalten von den Einblicken in die faszinierende Welt des Humors.

Humor beseitigt nicht die Minuszeichen des Lebens, aber er setzt sie in Klammern mit einem Plus davor.

Teil I

Wunderwerk Humor

Gemeinhin verstehen wir unter Humor eine besondere Fähigkeit, einen Gemütszustand, eine Lebenseinstellung, die jedem Menschen auf etwas andere Art eigen ist. Neben diesem Verständnis als nach innen gerichtetem Persönlichkeitswert stellt Humor darüber hinaus eine aktive Äußerungsform in der zwischenmenschlichen Kommunikation dar. Der geistig und seelisch weitgehend intakte Mensch würzt seinen täglichen Informationsaustausch bisweilen mit scherzhaften, komischen, witzigen Einlagen – so der Idealzustand. Wie aber sieht die Wirklichkeit aus? Während die einen ihren Humor als Teil der Kommunikation wie selbstverständlich lustvoll ausleben, sehen sich andere während ihres geschäftigen Alltags durch Humor gestört, aus dem Konzept gebracht, verunsichert, missverstanden, nicht ernstgenommen und entwickeln dadurch verhängnisvolle Vorbehalte und Berührungsängste.

Ein erster Schritt, das Phänomen Humor zu entzaubern, kann darin bestehen, ihn nicht als genetisch ein für alle Mal festgelegtes Merkmal eigenwilliger Witzbolde zu missverstehen, stattdessen als ein normales, gesundes, typisch menschliches Geistesprodukt zu begreifen, das erkennbaren Regeln unterliegt. Mit diesen Regeln lässt sich der eigene Humor tatsächlich anregen, vermehren, verbessern, neu erfinden. Denn wer sich nicht andauernd ärgern, nicht verzweifeln, grübeln, sich hetzen, verunsichern oder herabsetzen lassen, wer am Ende nicht depressiv werden will, sollte etwas unternehmen, um verträglicher mit den psychischen Anforderungen des heutigen, meist unbequem sich verändernden Daseins zurechtzukommen.

Noch weit vor der beruflichen Leistung rangierend gilt es deshalb, nicht nur an den Wochenenden oder im

Urlaub, sondern ebenso im Alltag regelmäßig Lebensfreude zu erfahren, seelisch stabil und authentisch zu bleiben, sich in der Gemeinschaft vollkommen unterschiedlicher Menschen wohlzufühlen, seine Selbstsicherheit, Partnerschaftstauglichkeit und Sozialkontakte zu stärken. Ansonsten besteht die Gefahr, dass wir zu absonderlichen Gestalten mutieren, staubtrocken und todlangweilig dahinvegetieren, andere nerven oder neurotisch, ungenießbar, einsam und zum Spottopfer, letztendlich krank werden.

Mit Blick darauf erfahren Sie im Folgenden etwas über das komplexe Gebilde Humor und unsere Probleme mit ihm, aber auch über seine erstaunlichen Effekte und wie weitreichend er unser Leben positiv zu beeinflussen vermag. Denn selbst wir durchökonomisierten Dichter und Denker könnten es schaffen, im Alltag endlich oder wieder humorvoller zu werden: mit dem richtigen Wissen, mit Köpfchen und Methode – genau das entspricht unserer Stärke.

Wer sich zu ernst und zu wichtig nimmt, hat keinen Humor.
Und wer keinen Humor hat, macht sich schnell lächerlich.

Vier Irrtümer entsorgen

Humor ist eine Lebensformel, die wir für viele Bereiche des Alltags erst wiederentdecken müssen. Dass die Deutschen und andere Völker insgesamt weniger Spaß miteinander haben, liegt nicht oder nicht nur an deren Tradition, Geschichte oder Mentalität, auch nicht allein an dem fehlenden Wissen über Humor: Ein weiterer Grund sind verbissen sich haltende Vorurteile und Irrtümer:

Mit der weit verbreiteten Auffassung fängt es an, entweder man habe Humor, oder man habe keinen. Vergessen Sie diesen Trugschluss: Jeder seelisch einigermaßen gesunde Mensch besitzt Humor, einen angeborenen Sinn für Komik zumindest, und der lässt sich entwickeln, was übrigens für alle Geschlechter gleichermaßen gilt. Der Humor wird uns höchstens ausgetrieben: von Langweilern und Druckmachern, Wichtigtuern und Spaßbremsen. Bereits die Schule leistet ganze Arbeit, in der Erwerbswelt setzt sich das fort. Auch die abgenutzte Distanzlosigkeit innerhalb vieler Partnerschaften lässt dem spontanen Humor oft wenig Raum. Sie können aber etwas tun dagegen, sich von der eigenen Humorlosigkeit erlösen und gegen die der anderen immunisieren, indem Sie Humor durchschauen, beherrschen, gezielt entwickeln, sich ein Stück weit von den fremdbestimmten Idealbedingungen für spontanen Humor befreien und dadurch die Stimmung, den Spaß, die Situation selbst in die Hand nehmen.

Wer keinen Humor hat, kann sich immerhin welchen ausdenken.

Ein zweiter Irrtum folgt der Auffassung, wonach Humor, Witz und Komik, da in endloser Vielfalt existierend, kein durchweg einheitliches Muster zeigen: So stünden die Volksgruppen, Regionen, sozialen Schichten, Dialekte, Altersgruppen und Geschlechter für einen unterschiedlichen Humor, überhaupt jeder Mensch habe einen etwas anderen Humor. Dem folgend hat sich die Humorforschung tatsächlich mehr den Unterschieden zwischen den Humorformen gewidmet, anstatt ebenso konsequent die eine, generelle Funktionsweise aufzudecken. Dieses Buch geht anders vor, sucht und findet das Gemeinsame.

Wenn jemand keinen Humor hat, muss man ihn deswegen nicht gleich ernst nehmen.

Damit verbunden ist der dritte Irrtum: Humor sei weder ausreichend zu ergründen noch bewusst beherrschbar. Sobald man über Komik, Witze, Scherze oder Selbstironie tiefer nachdenke, sei die lustige Wirkung verflogen, zerplatzt wie eine Seifenblase. Humor sei eine rein spontane Angelegenheit, könne nicht durchschaut und nicht nach Plan konstruiert werden. Mit diesem Argument ziehen sich ansonsten kluge Köpfe offenbar aus der Schlinge, sich mit dem so komplexen wie unterschätzten Metier des Humors tiefergehend beschäftigen zu müssen. Dem aber steht die Frage entgegen, wo die unendlichen Mengen an Witzen, Sketchen, Cartoons und Gags, vor allem in den Medien, herkommen, wenn nicht aus der arrangierten Denkretorte. Gerade der Mensch ist das einzige Wesen, das Phänomene erforschen, unbegrenzt zu Einsichten gelangen, sich bewusst anpassen und verschiedene Fähigkeiten, einschließlich schöpferischer, auch ohne großes Talent systematisch entwickeln kann.

Der Witz am Humor besteht darin, sich selbst und anderen die versteckte Komik in der eigenen Tragik und der des Lebens zu offenbaren.

Ein vierter Irrtum: Seitdem der Mensch fühlt und denkt, ist Humor zwar sein täglicher Begleiter. Schon als Säugling kommuniziert er instinktiv über das Lachen mit seiner Umwelt. Für Kinder und Jugendliche ist Humor eine grundlegende Eigenschaft und Verhaltensweise, gehört er zur spielerischen Bewältigung des Alltags. Mit Humor haben wir gemeinschaftlichen Spaß, beherrschen wir Situationen, erfreuen und gewinnen wir unsere Mitmenschen, behaupten uns, verschaffen uns und anderen Momente der Auflockerung, Unterhaltung und Entspannung.

Trotzdem werden Witz und Humor in der Kommunikation des geschäftigen Alltags nach landläufiger Meinung oft als oberflächlich, absurd oder unangebracht abgetan, kaum als wirkliche, immer gern gesehene Kunst gewürdigt. Humor und Witzigkeit werden bestenfalls für kurze Zeit akzeptiert, um sogleich mit der kalten Dusche „Spaß beiseite“ zur strengen Tagesordnung zurückzukehren, damit das heilige Pensum noch zu schaffen ist, der Lehrplan, der Terminplan, der Auftrag, das Umsatzziel, der Aktenberg. Oder um den sachdienlichen Anschein zu wahren und sich bloß nicht dem Verdacht auszusetzen, die vielen Probleme, Herausforderungen und tragischen Geschehnisse zu verharmlosen und dadurch Pflichten, Respekt, historisches Schuldbewusstsein und Leistungsbereitschaft zu verweigern.

Hinzu kommen so vage Erscheinungen wie Ironie, Zynismus, Spott und Sarkasmus, für die wir leicht anfällig sind, die uns jedoch nie ganz geheuer waren, da sie verunsichern und verletzen können, leicht missverstanden oder gar nicht erst erkannt werden. Viele Menschen fühlen sich genervt von der Comedy-Flut in den Medien oder dem schrill bunten, alljährlich sein närrisches Unwesen treibenden Karneval. Vom zusammenhangslosen Abspulen hochbetagter Witze ganz zu schweigen.

Deshalb stehe Humor wesentlichen Dingen unserer Kultur und Zivilisation entgegen, die uns mühevoll auf dem Weg zum mündigen Bürger eingetrichtert werden: Logik, Vernunft, Moral und Bildung zählen dazu, ein geistiger und künstlerischer Anspruch und vor allem: die so oft angemahnte Ernsthaftigkeit, Etikette, Pietät und Political Correctness. In dem einen oder anderen Fall spielt ein religiöser, todernster Glaube eine Rolle. Insofern vereine sich Humor nur bedingt mit unseren täglichen Aufgaben und geforderten Attributen wie fleißigem Arbeiten, sachlicher Geschäftigkeit, dem Lernen, Lehren und Erziehen, mit Autorität, Disziplin, Seriosität und Kompetenz.

Eine Menge Hürden auf dem Weg zu mehr Humor haben sich da aufgebaut. Viele dieser Vorurteile und Empfindungen gehören schlichtweg in den Müll. Aus der Luft gegriffen sind sie absolut nicht, die Realität spricht für sich: An der großen Zahl humorloser Menschen und

Situationen im Alltag erleben wir es andauernd. Und in Ratgebern ist tatsächlich nachzulesen, man solle sparsam mit seinem Humor umgehen, wenn man als charismatisch und vertrauenswürdig gelten, man Karriere machen will.

> *Am Ende zeigt sich stets doch der Humor als die weiseste Form aller Kommunikation.*

Abgesehen davon, dass längst nicht alle Menschen als vermeintlich charismatische Karrieristen in hoch vertrauenswürdiger Position abzustumpfen gedenken, dürfte dieser Ratschlag auch ansonsten nur bedingt stimmen, allenfalls für die wenigen, wirklich ernsthaften, tragischen, dramatischen oder pathetischen Situationen, in denen Humor absolut nicht angebracht ist. In allen anderen Lebenslagen sollte man sich keinen Zwang antun, zumal hier nicht von Humor im Sinne von Kinkerlitzchen und Dummblödelei die Rede ist.

In unserem Arbeitsalltag verdrängen wir bereits zu viele Dinge in ungesundem Ausmaß, jetzt bloß nicht auch unseren Humor. Unterdrücken können wir mal ein Kichern, wie damals in der Schule, wenn es stören, missachten oder herabsetzen würde. Jetzt aber sind wir erwachsen, unser Humor ist Bestandteil der eigenen Souveränität. Wie die anderen mit unserem Humor umgehen, bleibt denen überlassen: ob sie offen herzhaft lachen, sich lieber innerlich amüsieren oder ihn einfach ignorieren. Wir sollten jedenfalls keine der wertvollen Chancen vertun, uns als aufmerksam beteiligt und dabei als empathisch und gelassen, erfrischend lässig, überraschend originell und attraktiv zu präsentieren. Denn auch das macht echtes Charisma aus.

Humor ist eine ernste Angelegenheit

Wenn Sie spontan an Humor denken, haben Sie als erstes bestimmt die Lebenseinstellung im Sinn, mit der Sie sich nicht zu wichtig nehmen, nicht hilflos leiden und vor Angst erstarren, stattdessen heiter und entspannt auf verunglückte, peinliche und brenzlige Situationen reagieren oder jene unangenehmen Dinge locker hinnehmen, die Sie ohnehin nicht ändern können. Als nächstes fällt Ihnen sicher Ihre Freizeit ein: entspannte Treffen mit Freunden, gesellige Runden, Hobbys, Partys, Small Talk oder unbeschwerte Stunden mit der Familie am Abend, an Wochenenden, im Urlaub. Dort scherzen, albern, schmunzeln, gackern oder kichern Sie ab und zu, sofern sich die Gelegenheit ergibt und der Humor der Leute kompatibel zueinander ist. Man könnte sagen: Humor als ebenso geglückter wie glücklicher Ausnahmezustand.

Humor geht aber weit darüber hinaus, ist eine ernste Angelegenheit, mit der man nicht allein spaßen sollte. Denn Humor ist ein elementares Bedürfnisse in nahezu allen Bereiche des menschlichen Lebens, ähnlich unserem natürlichen Verlangen nach Essen, Trinken, Schlaf, Gemeinschaft und Kommunikation, nach Kleidung, Hygiene, Bildung, Erfolg, Kunst, Unterhaltung, Bewegung, Sex, Spaß und Sicherheit. Dieses beim Menschen so wacklige Geflecht aus Körper, Geist und Seele braucht Humor, um halbwegs im Lot zu bleiben. Humor stabilisiert die Beziehungen zwischen den Menschen und hilft, Druck aus ihrer Kommunikation zu nehmen, die Gemüter zu entspannen und zu erfreuen, in Harmonie anzugleichen, in guter Erinnerung zu bleiben.

Humor ist ein Rezept, mit dem ich mir einen bekömmlichen Tag bereite.

Von nett bis nützlich macht sich Humor daher in unseren E-Mails, Briefen, Glückwunsch-, Urlaubs- und

Einladungskarten, ebenso in Reden, Vorträgen und Präsentationen oder beim Flirten, bei der Partnersuche, in der Partnerschaft. In heiklen Situationen kann uns Humor regelrecht retten: im Umgang mit Kollegen, Kunden, Vorgesetzten, Nachbarn, Schwiegermüttern, Fremden oder Ex-Beziehungen. Eventuell kommunizieren Sie im Internet über Chats, Foren, WhatsApp und Twitter, präsentieren sich bei YouTube, in sozialen Netzwerken, mit Blogs oder auf der eigenen Website mit Texten, Bildern und Videoclips. Mehr denn je ist eigener Humor dort gefragt. Vielleicht reden, schreiben oder moderieren, lehren, betreuen, verkaufen oder therapieren Sie berufsbedingt und sind immer auf der Suche nach lustigen Ideen und heiteren Pointen.

Manchmal ist ein Lächeln auch zu wenig, reicht Fröhlichkeit nicht aus, ist pure Freundlichkeit zu schlicht, wirkt naiv, zu defensiv, wird als Schwäche interpretiert, gegen uns ausgenutzt. Dann müssen wir punkten: mit ansprechenden Effekten, um Leute zu locken, uns wirkungsvoller zu verkaufen, in der Gemeinschaft zu behaupten, neue Kontakte zu knüpfen oder um uns pfiffig zu schützen, elegant zu wehren. Schon insofern hätte wohl jeder gern gewusst, was Humor zu leisten vermag, wie man ihn entwickeln und verbessern kann, wie er funktioniert.

Angesichts all dieser Gelegenheiten und Erfordernisse des gewagten Treibens, trüben Leidens und ewigen Scheiterns, genannt Leben, müssen wir Humor längst nicht als Ausnahmezustand hinnehmen. Ein sonniges Gemüt können wir auf Knopfdruck zwar nicht bestellen, da es stets mehrerer Knöpfe dazu bedarf, auf die wir nicht immer Zugriff haben, gute Laune lässt sich selten erzwingen. Und spontaner Humor gedeiht eben nur unter genannten komplexen Bedingungen, die erst mal zusammentreffen müssen. Das Wissen allerdings, wie Humor funktioniert, verbunden mit der Fähigkeit, ihn systematisch zu erzeugen, bietet uns deutlich mehr Möglichkeiten und Spielräume. Zurück wirkt das wiederum auf unsere Stimmung, auf die der anderen, auf deren Urteil, Einstellung und Verhalten und damit letztlich auf die jeweilige Situation.

Leider sieht unser Alltag meist anders aus: Mehr denn je hat er uns im Würgegriff, dass wir glauben, uns beim eigenen Humor bis an die Ohren zugeknöpft zeigen zu müssen. Immer kleinere Lücken zum Scherzen lässt uns das leistungsverdichtete Leben. Sollen wir tatsächlich zum Lachen in den Keller flüchten, wenn überhaupt Zeit dafür bleibt? Weil wir andernfalls nicht kompetent und seriös genug wirken, unsere freudlosen Mitmenschen weiter verunsichern, scheue Kunden vielleicht verschrecken, unzufriedene Chefs zusätzlich reizen oder all die mächtig ranklotzenden Kollegen von der gelobten Arbeit abhalten?

Mein Chef ist ein Tierfreund. Jeden Tag macht er uns zur Sau.

Vorgesetzte sind nicht selten der Meinung: wer lacht, habe noch Reserven. Und selbst diese gelte es auszuschöpfen: für wichtigere, ausschließlich wirtschaftliche Belange des gelobten, stets leistungshungrigen Arbeitgebers. Nur sollten wir bedenken, dass wir die überwiegende Zeit unserer wertvollen Wachphase des Tages mit den nicht immer geliebten Belastungen im Job zu verbringen gezwungen sind. Und dass wir währenddessen trotzdem leben, entspannt atmen, uns einigermaßen gut fühlen und mit Menschen angenehm kommunizieren sollten. Humor und Lachen sind dabei wesentliche Merkmale eines normalen, geistig und seelisch gesunden Lebens. Bislang zumindest und gerade während der Arbeit, ob im Homeoffice oder in der Bürokäfigmassenmenschhaltung. Alles andere wäre ein tragischer Irrtum, eine gefährliche Falle – Unsicherheit, Ängste, Depression und Burn-out lassen grüßen.

„Schon gehört? Untersuchungen haben ergeben, dass teure Espressomaschinen Blei freisetzen." „Ach daher diese bleierne Müdigkeit, sobald ich morgens im Büro meinen Kaffee trinke."

Oder sollten wir das Humorthema besser den Medien überlassen, wo bezahlte Experten ihn im Dienste der Einschaltquoten kommerziell vereinnahmen? Der ganze gequälte Fremdhumor, den man uns aus dem Radio, Fernsehen und Internet heraus in die einsamen Wohnungswelten trötet, wird unsere seelischen Blessuren und Kommunikationsstörungen aber nicht aufhalten können. Nicht die Quoten-jagenden Medienmacher, nicht die werbenden Firmen, eigenen Chefs oder hochbezahlten Image- und Karriereberater – sondern Ärzte, Psychologen, Psychiater, Paartherapeuten, Soziologen, Lachforscher und Freunde würden uns empfehlen, uns mithilfe des eigenen Humors im Alltag einen echten Spaß-, Glücks- und Erfolgsvorsprung zu sichern.

Ist unser Humor noch zu retten?

Vor einiger Zeit tat ich es anderen Passanten gleich und flüchtete vor dem Regen in eine Weinhandlung. Der Verkäufer, von dem niemand wusste, ob er diesen Ansturm patschnasser Leute begrüßen sollte, blieb gelassen und gab sogar einen Gag zum Besten: „Wenn hier jemand seinen Wein auch trocken mag, ich habe Handtücher da!"

Nicht der Knaller, nicht ganz neu, deshalb kein Grund, dass sämtliche Leute im Laden, kaum zu glauben, schwiegen, keine Miene verzogen. Ich lachte – als einziger – und fühlte mich nicht wohl dabei.

Diese Leute sind sicher nett ansonsten, zuverlässig und fleißig vielleicht, ungewöhnlich klug, kultiviert und beruflich erfolgreich sogar. Aber menschlich haben sie sich in dem Moment eine Menge verschenkt, nicht reagiert, sich nicht amüsiert, weder etwas Lustiges entgegnet noch gelacht, gelächelt oder geschmunzelt. Schade, peinlich.

Wer nicht mehr lachen kann, wird immer komischer. Und wer komisch ist, muss noch lange nicht lustig sein, erst recht nicht humorvoll. Ein Teufelskreis mit Abwärtsspirale, wofür die heute wachsende Zahl von Menschen mit psychischen und psychosomatischen Leiden steht.

Ob trocken schmecken oder trockenreiben – eine humorvolle oder witzige Reaktion muss nicht anspruchsvoll, nicht der vermeintlichen Vernunft und strengen Logik folgen. Sie muss nur passen, irgendwie, ein bisschen originell sein. Und auch wenn sie einer flüchtigen Unterhaltung dient, so entspannt sie die Atmosphäre, überwindet Fremdheit mit einem guten Gefühl von Gleichheit und gemeinschaftlicher Geborgenheit.

> *Unser Humor macht uns umgänglicher. Wir haben es uns verdient, und wir haben es nötig.*

Die Kunden der Weinhandlung hätten genau das gebraucht. Warum? Weil fast jeder in den meisten Lebenssituationen auf irgendeine Form menschlicher Nähe angewiesen ist, die zwar eine gewisse körperliche Distanz wahrt, dennoch für ein gutes Gefühl sorgt. Uns gegenseitig in den Armen liegen und tätscheln, lieben oder loben geht schließlich nicht ohne Weiteres. Blickkontakt, ein Lächeln, ein paar Worte helfen hingegen eine Menge – Humor und der gemeinsame Spaß darüber noch viel mehr. Sie sind ein einfaches und zugleich hochwirksames Instrument auch dort, wo Menschen, die sich nicht kennen, für kurze Zeit auf engem Raum zusammentreffen.

Man kennt diese Erscheinung von Wartezimmern, Warteschlangen, Fahrten in öffentlichen Verkehrsmitteln oder – immer wieder hübsch peinlich – von Aufzügen, in denen jeder halb verlegen nach unten, standhaft geradeaus oder nervös auf die Anzeige starrt und sich kaum zu atmen traut, um nur nicht den Blick anderer Menschen zu treffen, nicht womöglich noch gefällige, originelle Worte wechseln zu müssen. Was gehen mich die Leute an, die sollen mir nett gestohlen bleiben, solange ich sie nicht kenne, sympathisch und attraktiv finde. Ähnlich haben die Weinkunden, warum auch immer, auf jegliche menschliche Verbindung verzichtet, haben sich eingeigelt mit ihrer gedankenlosen Unaufmerksamkeit, lustlosen Hektik, steifen Bedeutsamkeit oder höheren Anspruchshaltung.

Niemand muss heutzutage gleich einen Witz erzählen. Der Witz ist halbtot, vor allem in der mündlichen Welt, mit Ausnahme allenfalls dieses konservierten Biotops stets knallgeselliger, einsam reisender männlicher Handelsvertreter an abendlichen Hotelbars. Ansonsten ist ein reines, zusammenhangsloses Witzeabspulen kaum gefragt, weder zu Hause noch im Job oder auf Partys. Leute, die es dennoch tun, nerven oft mehr als sie unterhalten, beweisen nicht gerade, witzig und humorvoll zu sein.

Wenn aber gar niemand mehr, wie in der Weinhandlung geschehen, amüsant reagiert, lacht oder lächelt, fühlen sich am Ende alle unsicher, misstraut einer dem anderen, kann jeder weiterhin seine Hemmungen, Vorurteile und Ängste ausleben, seinen Ärger, seine Trägheit, Coolness oder Überspanntheit pflegen und damit unzufrieden bleiben.

Deutscher Humor ist, wenn man trotzdem nicht lacht.

Sigismund von Radecki

Stimmen denn diese alten Vorurteile überhaupt, die andere Völker gegen uns Deutsche hegen? Zumindest im Alltag konnten wir Deutschen es schon immer gut ertragen, auf Lässigkeit, Genuss und Lebensfreude zu verzichten. Außerdem gibt es keine Dienstanweisung, humorvoll zu sein. Und wer mit unbegrenzter Geschwindigkeit über die Autobahnen seines Landes rast, kann schnell mal unter einem witzlosen Tunnelblick leiden, mehr Adrenalin und aggressives Verdrängungsgebaren als Humor für seine Mitmenschen übrig haben. Das zeigt sich bereits an den häufig verwendeten Floskeln wie „Das war nur ein Witz" oder „Spaß muss sein." Ebenso an solchen zwar ironischen, deswegen aber längst nicht lustig gemeinten Sätzen wie: „Das kann ja heiter werden", „Sehr witzig", „Schon lange nicht mehr so gelacht" oder „Witz komm raus, du bist umzingelt".

Historisch gesehen ist der Deutsche, schaut man auf seine bestimmende kulturgeschichtliche Epoche, eher der romantische Künstler mit pathetischem Hang zur Natur. Ob das jedoch den modernen Durchschnittsdeutschen betrifft, ist die Frage. Von der Last einer historischen Humorschwäche in Literatur, bildender Kunst, Musik und Philosophie ist jedenfalls heute noch einiges zu spüren. Und seine Sehnsüchte hegt der Deutsche entweder im Stillen oder hängt sie an schnulzige Volksmusik- und Schlagerstars, während er den eigentlichen Humorauftrag an Comedians der elektronischen Medien oder an in Vorgärten platzierte Gipskitschgartenzwerge delegiert.

Achtung, Durchsage: Wer in Deutschland zur Arbeit geht, dem wird dringend empfohlen, um allseits Vertrauen zu schaffen, am Eingang sein griesgrämiges Gesicht aufzusetzen.

Den fehlenden Humor wiegt der Deutsche mit Tugenden wie Disziplin, Pünktlichkeit und Bratwurst auf. Bei den Deutschen muss immer alles solide und akkurat, wissenschaftlich begründet, mit Vorschriften geregelt, vollkaskoversichert, für den Export geeignet, mit teuren Medikamenten behandelbar und für US-amerikanische Geheimdienste gut ausspähbar sein. Der Deutsche hat im Grunde keine Zeit für Humor, da er sich andauernd Kochsendungen im Fernsehen anschaut, pausenlos mit Wassersparen und Mülltrennen beschäftigt ist und sich über angeblich faule Südländer und gefährliche Zuwanderer aufregen muss.

Abgesehen davon, dass der Deutsche ständig Probleme mit seinem geschichtlich geschädigten Nationalstolz hat und sich nicht besonders mag, ist er ein Beweis dafür, dass Humorlosigkeit nicht vor Bildungsschwäche schützt. Die Pisa-Studien sind bekannt und nicht gerade eine seiner besten Expertisen. Doch selbst bei der einfachsten Frage, ob Tomaten Gene haben, schnitten die Deutschen schlechter ab als der europäische Durchschnitt. Dabei sind es doppelt so viele Gene wie beim Menschen. Vielleicht lassen sich daher in naher Zukunft Tomaten züchten, die mehr Humor als viele Deutsche haben, was keine Hürde darstellen dürfte. Sprachlich immerhin sind wir Export-Experten noch begabter als Tomaten, wenn auch beim Englischen, laut Studien, nicht so bewandert wie die Polen, Ungarn, Slowenen oder Österreicher, wie die Skandinavier und Niederländer schon gar nicht.

Wer im Job herzhaft lachen will, muss vorher eine Humorgewerkschaft gründen.

Nach wie vor gepflegt in diesen Landen werden die deutsche Gemütlichkeit und German Angst als eigene Institutionen, wozu anscheinend die Häufigkeit der Arztbesuche zählt: Hier liegt der Deutsche mit an der Weltspitze. Wobei in den Wartezimmern noch weniger gelacht wird als auf der Straße, also genauso viel wie in der Politik.

Aus der Kleinstaaterei resultierend ist der Deutsche Humor regional zersplittert und eigentümlich national geprägt, deshalb kennt und will die Welt wohl auch keine deutschen Komiker. Selbst die Deutschen halten ihre Komiker, Comedians und Kabarettisten nicht gerade hoch, so als müssten sie sich ihrer schämen, da sie nicht dem deutschen Musterbild des angepassten, pflichtgetreuen Bürgers entsprechen. Humoristen können nach deutschem

Verständnis einfach keine wahren Künstler sein, allenfalls welche mit Political-Correctness-Handicap. Wenigen ist es daher gelungen, in einen Komiker-Ersatzolymp, dem sozusagen Paralymp aufzusteigen: Karl Valentin etwa oder Heinz Ehrhardt und Loriot, während sich an Harald Schmidt bereits die Geister scheiden. Ideal für den Deutschen wäre wahrscheinlich ein verbeamteter Humorist, der bestenfalls unfreiwillig komisch in Erscheinung tritt, was dann auch erklärte, weshalb der Schweizer Emil Steinberger in Deutschland so beliebt war.

Trotz freizeitlicher FKK-Nacktneigung an Stränden und in Saunen ist man im deutschen Dienstmodus offiziell zudem verklemmt und stets bemüht, politisch und ethisch korrekt zu bleiben, sobald es um sexuelle Themen und Randgruppen geht, ganz anders jedenfalls als die Franzosen bei dem einen und die Briten bei dem anderen Thema.

Für einige Völker und Psychiater scheinen die Deutschen mit ihrem Humor deshalb noch in der analen Phase festzustecken, pfui, aber kein Wunder: Wer derart starr, steif und unermüdlich sich abmüht, vor Chef und Staat kuscht, beharrlich verhalten nörgelt, fette Wurst, fetten Käse und gestaute Wut in sich hineinfrisst, Mengen an Milch, Bier und glibberigen Smoothies hinterherkippt, dem ist der Darm trotz deutschen Reinheitsgebots zwangsläufig verstimmt, der spricht und hört nichts gern im Ernst darüber, sodass sich Druck aufbaut, sich etwas staut, verkrampft, zusammenbraut – das muss dann der Humor ausbaden, nicht selten jauchig derb und pubertär geschmacklos.

Nichts wird dem deutschen Humoristen zum größeren Erlebnis als die Vorgänge der Verdauung.

Karl Kraus

Obwohl auch in Deutschland Witze über Minderheiten wie Migranten, Behinderte, Juden, Muslime, Islamisten, Transen, Schwule und Lesben kursieren, erklärt sich die ängstliche Zurückhaltung in der Öffentlichkeit vermutlich aus der speziellen Geschichte des Landes. In einer Art Humoruntergrund gibt es in Deutschland sehr wohl diverse Aktivisten. Doch sobald die versuchen, im Lichte des öffentlichen Alltags mit heiklen Themen witzig zu sein, kann es passieren, dass man sie schnell eines Besseren belehrt, ihre Scherze unerbittlich abprallen an der Mauer der typisch deutschen Ernsthaftigkeit und historischen Schuld.

Als die Dschungelqueen 2014 in einer Late-Night-Show über ihr Buch erzählte, dass sie es ursprünglich „Mein Kampf" nennen wollte, beim Googeln aber gesehen habe, dass der Titel schon vergeben sei, brach in deutschen Nachrichtenmagazinen die Entrüstung los: Von Eklat und geschmacklosem Witz war da die Rede – das sagt doch etwas über unseren Humor.

> *Viele Leute tragen in Deutschland offenbar nur deswegen eine Krawatte, damit sie sich vom Humor ihrer Mitmenschen auf den Schlips getreten fühlen.*

Deutschland ist eine durchökonomisierte Nation, lässt seinen Humor lieber von bekannten Comedians und Kabarettisten erledigen. Die machen das professionell, zuweilen mithilfe hoch produktiver Gagschreiber. Der Deutsche ist nun mal Perfektionist und will nichts riskieren, nichts dem Zufall überlassen. Die Berufskomiker kriegen gutes Geld dafür und dürfen sich im Interesse sanft kontrollierter Vielfalt inzwischen einiges trauen, mehr Tabus kalkuliert über den Haufen rennen, als deren Publikum es offiziell jemals könnte: über Krieg, Nazis und Hitler etwa oder religiösen Fanatismus, Terror, Selbstmordanschläge, Korruption, Steuerhinterziehung, Geldwäsche, Migration, Kopftücher, Behinderung, Demenz und Depression. Da denkt doch der Durchschnittshumorverbraucher, das sei von staatlicher Ethikstelle abgesegnet und meckert deshalb nicht, lacht aber auch nicht.

In Deutschland ist Humor leider nie ein Qualitätskriterium für Intelligenz, Weisheit, Talent, Leistung, Literatur, Kunst oder Kulturerbe gewesen. Wenn etwas richtig lustig gelungen ist, schweigt das Feuilleton entweder oder tauchen irgendwelche Restposten an Kritikerköpfen nur deswegen mal auf, um Anstoß zu nehmen an dem verkrampft bemühten, konstruierten Witz, welcher in der ohnehin niveaulosen Gemengelage nicht sinnvoll verortet werden kann. Wobei unter Sinn und Niveau in Deutschland vorrangig düstere Themen wie Tod, Verbrechen, Gewalt, Rache, Sterben, Religion, Krieg, Drittes Reich, Vertreibung, historische Schuld und Wiedergutmachung verstanden werden – aber auch Anspielungen auf und Versatzstücke aus klassischen Werken und echter Kunst, die ihrerseits wiederum mit Tod, Verbrechen, Gewalt und Rache und Krieg und so weiter zu tun haben.

Falls Humor trotzdem sein muss, bitte streng nach DIN-Norm: Gewünscht sind weder billige Kalauer noch schlichte Witze noch allzu vernichtender Spott gegen konkrete Personen der medialen Öffentlichkeit. Mit Ausnahme freilich dieser offiziellen Zielscheiben einschlägiger Satire- und Kabarettformate sowie jener armen Seelen, die sich bereits selbst demontiert und zum vorverurteilten Opfer durchweg aller Medienschelte gemacht haben. Absolut vogelfrei, so scheint es, sind diese Übeltäter dann, dürfen ungehemmt von allen Seiten gewatscht und getreten werden, von eigens dazu einberufenen Fernseh-Talkshows, von Staatsanwälten in der Öffentlichkeit oder altgedienten, gut steuersparenden Frauenrechtlerinnen in der markig bebilderten Tagespresse.

Auch ist die Comedy in diesem Land nie ganz angekommen, da sie, ursprünglich als nicht kompatibel zur deutschen Bildungsbürgermentalität, wohl noch als britisch-amerikanische Unterminierung unserer einstigen Dichter- und Denkerkultur, als prollig-pubertäre Ausgeburt des privaten Flach-, Hohl- und Schmuddel-TV verstanden wird nach dem Motto: Keiner hat's nie gesehen, aber jeder kennt es. Gleichwohl sind in Deutschland einige erfrischend witzige Formate zu finden wie „Klimbim", „Ein Herz und eine Seele", „Sketchup", „Kir Royal" oder „Berlin, Berlin", die nur leider mittlerweile als ziemlich angestaubt gelten müssen. Ähnlich verhält es sich mit den Comedy-Kult-Klassikern „RTL Samstag Nacht", „RTL Freitag Nacht News", „Die Wochenshow" und „7 Tage, 7 Köpfe".

In die Jahre langsam kommt auch „Stromberg", eines der seltenen wirklichen Highlights intelligenter Fernseh-Humorkunst, wenngleich es sich um die Adaption einer britischen Serie handelt. Demgegenüber sind die meisten neueren Comedy-Formate noch immer auf eine eher junge Zielgruppe zugeschnitten, zumindest auf das, was Medienmacher sich anbiedernd dafür halten. Eine köstliche Ausnahme bildet etwa die Street-Comedy-Serie „Oldass Bastards", in der ein kleiner Trupp durchschnittlicher Senioren mit versteckter Kamera ahnungslose, meist deutlich jüngere Fußgänger durch schräge Aktionen verunsichert, verblüfft, verklapst und parodiert.

Wer keinen Spaß versteht, sollte wenigstens diesen in Humor verwandeln.

Ansonsten aber leugnet der Durchschnittsdeutsche standhaft die eigene Humorlosigkeit, ist empört, sobald man ihn daraufhin anspricht. Wahrscheinlich hat er dabei diese ewig ironischen Hipster oder jene jungen Leute vor Augen, die am Wochenende mit der Bierflasche in der Hand fröhlich durch die Straßen ziehen, in Parks lustig kiffen oder schick kichernd ihre Cocktails in besandeten Strandbars entlang großstädtischer Flüsse schlürfen.

Währenddessen lassen zahlreiche andere, hochkorrekte Bürger Humor zur doppelten Tabuzone verkommen: Einmal in Gestalt der Humorlosigkeit selbst und einmal dadurch, dass man bei dem Thema keinen Spaß versteht –

Humorlosigkeit in Sachen Humorlosigkeit, schlimmer geht's immer. Und so trifft man als krönende Dreifachmisere sogar auf Landsleute, die nicht nur keinen Humor ihr Eigen nennen und das nicht zugeben, sondern ihre Mitmenschen für deren Humor belehren und beschimpfen müssen. Über dieses Thema reiße man keine Witze, über jene Leute dürfe man sich nicht lustig machen, dieses Problem habe man am eigenen Leib zu spüren bekommen und so weiter und so tragisch und so blöd.

Als anständiger Deutscher genügt es nicht, keinen Humor zu haben: Man muss auch anderen den Spaß verderben.

Wer das nicht kennt, sollte mal satirische Sprüche oder zynisch-witzige Kommentare veröffentlichen und wird früher oder später mit verständnislosen, gar feindseligen bis beleidigenden Reaktionen darauf bedacht. Ausdruck dessen sind zum Beispiel jene Direktnachrichten, die bisweilen auf meinem Twitter-Account eingehen, sowie die tägliche Statistik mit Zahlen zu neuen Followern und „Entfolgungen": Solange ich keine neuen Satire-Tweets poste, folgen mir kontinuierlich diverse neue Leute pro Tag, während ein zu vernachlässigender Bruchteil dessen mir die Gefolgschaft kündigt. Schreibe ich hingegen meine üblichen schrägen bis satirisch-bösen Kommentare zu brandaktuellen Themen und Pressemeldungen, hagelt es „Entfolgungen", liegt deren Zahl zwischen 50 und über 100 Prozent der jeweils neuen Follower.

Die dafür genauen Ursachen sind nicht eindeutig zu klären: Ob hier mehr die generelle Humorlosigkeit, eine Abneigung gegen zynischen, schwarzen und satirischen Humor oder eine Überempfindlichkeit gegenüber bestimmten Themen und Personen, die den Leuten besonders am Herzen liegen, dahinterstecken. Wobei Letzteres zwar überwiegen, jedoch nicht weniger bedenkenswert sein dürfte: Wer mir folgt, hat immerhin ein Interesse an Humor, Witz und Satire. Nur fällt auf, dass die Zahl der

„Entfolgungen“ regelmäßig dann nach oben schnellt, wenn sich meine Tweets gegen gewisse Politiker, Parteien, Promis und Fußballvereine richten. Der Zusammenhang ist bestechend: Ein Witzchen darüber, wo die vielen Piraten geblieben sind, ob nach Somalia zurück und deren Wähler mit – bums, auf einen Schlag 40 Follower weniger. Eine behutsame Satire über Veganer, Frauenquote und Jungfeministinnen – peng, gleich 50 Mal „entfolgt“.

Nicht ganz so schlimm, aber ähnlich geht es zu bei Scherzen etwa über die Themen Facebook, Computerspiele, Kult-Smartphones, bestimmte Automarken und Motorräder, über beliebte Casting-Formate, mächtig angesagte Rapper, Super-, Model-, Pop- und Schlagerstars, weniger beliebte Religionen, einen vorbestraften Fußballfunktionär, ein geteiltes Europa oder die Zankäpfel Euro, Schulden, Regierung, Linke, USA, Putin, Papst, Job, Chef, Streiks, Cannabis oder Trash-TV.

Die Deutschen sind zwar immer weniger religiös im traditionellen Sinne, aber ihre heiligen Kühe haben sie. Während Toleranz und Leidensfähigkeit bei ihnen ansonsten mittelmäßig bis höher ausgeprägt sein mögen – in puncto Humor stoßen sie bei vielen auf ihre Grenzen; da wird schnell die Kampfzone ausgeweitet, ein Blitzkrieg angezettelt.

Gerade in sozialen Netzwerken lassen sich Leidenschaften und Eitelkeiten, Aversionen und Affekte spielend einfach praktizieren: Hier kann jeder mitreden, förmlich mitschreien, aufschreien, gern anonym, kann Halbwissen und wirre Gedanken verbreiten, ungehemmt seinen Fankult und Fanatismus, seine Voreingenommenheit, Gläubigkeit und Parteilichkeit ausleben, andere bekehren, belehren, beschimpfen, bedrohen oder heillos verherrlichen.

Nirgendwo sonst lässt sich so schnell ein Geltungsgefühl vortäuschen wie in der digitalen Welt, die uns auf den Klick gehorcht. Und selbst der Humor, eine der beliebtesten menschlichen Äußerungsformen, ein universelles

Gemeinschaftsgefühl, eine leuchtend-höhere Kunst, die alles nur halbernst meint, nur spielen, entspannen, am Ende versöhnen will, muss dieser dumpfen Kleinkariertheit seine Opfer darbringen.

Humor geht in Deutschland ab wie eine Rakete: Je mehr witzige Schubkraft, desto heftiger der Rückstoß des Entsetzens.

Vom unterdrückten Verhältnis vieler Deutscher zu ihrem Humor zeugen ferner auch Leserzuschriften an Zeitungen, Zeitschriften und Online-Magazine. Schließlich habe man ernsthafte Grundsätze, höhere Werte und aufrichtige Absichten. Dazu eines der wohl besten Lehrstücke in Sachen Humor-Demenz vieler Deutscher waren die Kommentare von Spiegel-Online-Lesern auf den Artikel über einen angeblichen geheimen Zusatzvertrag zur Großen Koalition im Jahr 2013: In sieben Paragraphen hat der dortige Autor eine brillante Satire geboten, die einem als solche bereits beim Lesen des ersten Paragraphen überdeutlich ins Auge springen musste. In diesem ersten Abschnitt geht es etwa um die Besetzung der Ministerien über ein Punktesystem zunächst nach Geschlechterparität, Dauer der Parteizugehörigkeit oder Anzahl der Talkshow-Auftritte. Bei Punktgleichheit entscheide das Los, und erst bei Losgleichheit entscheide die Kompetenz der Ministerkandidaten – fast wie im richtigen Leben, aber nur fast, und genau da liegt der Humor.

Der Artikel erschien frühmorgens, bis zum Mittag des folgenden Tages sind dazu 176 Kommentare eingegangen. Unter den anfänglichen 50 Kommentaren, die sich auf die ersten zweieinhalb Stunden verteilen, befinden sich sage und schreibe 16 Wortmeldungen, die einen solchen Spaß grundsätzlich ablehnen oder stattdessen anmahnen, das Thema Große Koalition ernster zu nehmen. Satte 32 Prozent sind das. Sechs weitere Kommentare meinten, es könne sich dabei nicht um Satire handeln, da es nicht lustig, sondern traurige Wahrheit oder kompletter Blödsinn sei. Den Vogel abgeschossen haben jedoch 15 weitere Kommentatoren, die den Artikel erst gar nicht als Satire erkannt haben oder wenigstens hofften, das Ganze sei ein schlechter Witz oder verfrühter April-Scherz.

Macht summa summarum 78 Prozent an kommentierenden Lesern, die mit dem Humor nichts anfangen konnten, obwohl nach gängigem Verständnis einer der sieben fiktiven Paragraphen für jeden offenkundig satirischer als der andere zu lesen war.

Nachdem Stunden vergangen waren und etliche Leser darauf hingewiesen hatten, dass es sich hier um einen Ulk handle, der in der zweiten Überschriftenzeile von Beginn an ausdrücklich als Satire gekennzeichnet, obendrein in der Rubrik Kultur und nicht Politik erschienen war, gab es dennoch diverse weitere unglaubliche Wortmeldungen der genannten drei Kategorien: Von Kommentar 51 bis 176 haben immerhin elf Leser, darunter einige der letzten sogar, die Satire weiterhin nicht oder nicht eindeutig erkannt, zehn Leser dem Artikel den Humor gänzlich abgesprochen und vier sich wild schimpfend verbeten, über ein solch ernstes Thema überhaupt seine Späße zu machen.

Was sagt uns das? Zeigt es den Zustand des deutschen Humors, oder bestätigt es die Ergebnisse der Pisa-Studie aus Oktober desselben Jahres, wonach deutsche Erwachsene im internationalen Vergleich nur mittelmäßig lesen und Texte verstehen? Vermutlich beides. Wobei man davon ausgehen sollte, dass der durchschnittliche Spiegel-Online-Leser, der überdies selbst Kommentare schreibt, mit seiner Bildung schon etwas über dem Bevölkerungsdurchschnitt liegen sollte. Die Defizite also doch mehr beim Humor?

Nicht ganz: Immerhin wird eine Spielart des Humors in deutschen Landen noch alljährlich verrichtet, wenn auch zwanghaft und von Randgruppen: der Karneval. Leider gehen viele der oft köstlichen Politsatiren mancher Büttenreden spurlos unter in dem Gedröhn, Kitsch und Pomp, den Trachten und Dialekten, der ewig gestrigen Marschmusik und den billig-schlüpfrigen Schlagern zum gestiefelten Winke-Ballett der militäruniformierten Tanzgarden.

Für wesentlich mehr Humor sei kaum Platz in der engen Lücke zwischen all den Gartenzwergen und stocksteifen Beamtentypen – dieses Bild zumindest haben Nichtdeutsche mit flüchtigem Blick oder tendenziösen, pseudojournalistischen Absichten. Im Ernstfall kann der Deutsche nämlich auch anders, sogar außerhalb der närrischen Zeit: Dazu braucht die gepeinigte Germanen-Seele lediglich eine gesellige Runde, ein solides Gute-Laune-Level sowie einen zünftigen, immer wiederkehrenden Anlass, auf den er sich sorgfältig vorbereiten kann, wie etwa auf das Münchner Oktoberfest oder örtliche Schützenfest. Auch die allsommerlichen Grillabende auf der Terrasse des Reihenendhauses bieten hierfür die passende Kulisse. Rasch einige Gläschen genehmigt, manchmal ganze Maßkrüge, und in Stimmung gebracht, kann der Deutsche genauso kalauern und blödeln, kann lustig, zotig und politisch unkorrekt sein wie all diejenigen, die ihn gern als Humormuffel hinstellen.

Und welches Jux-Potenzial in diesem Volke noch so schlummert, zeigt die eben erst im Zusammenhang mit Humorlosigkeit erwähnte Online-Welt – stehenbleiben darf das so nicht, da es wohl eine Minderheit betrifft, wenn auch eine beachtliche und bemerkenswert aktive. Als Hort und Quelle des Humors kann das Internet nicht genug gewürdigt werden, soweit man bedenkt, was sich hier tut und wie viele Menschen es erreicht:

Haufenweise Online-Spaß

Auf Twitter zum Beispiel hat sich seit Jahren ein eigener Humor etabliert, der weder etwas mit den überreichlich vorhandenen, Klick-geilen und Werbebanner-gespickten Witze- und Spaß-Webseiten noch mit den professionell aufgezogenen Satire-Online-Magazinen zu tun hat. Erst recht nicht mit der einschlägigen Wiederholungswitzschwemme des Online-Büchermarkts. Vielmehr geht es hier um Echtzeithumor, authentisch fast wie im analogen Leben, bezogen auf die eigenen fortlaufenden Alltagssituationen. Auch insofern kann man nicht von virtueller, muss man von tatsächlicher Wirklichkeit sprechen. Dieser Humor gehört zur normalen, täglichen Kommunikation kreativer Internet-Aktivisten, ob zu Hause vorm PC, mittels Smartphone auf dem Büro-Klo oder in öffentlichen Verkehrsmitteln.

Die spontanen, situationsbezogenen Scherze des analogen Lebens abgelöst oder verdrängt hat dieser Humor allerdings nicht, er speist sich entweder aus ihnen, spiegelt sie wieder oder wird zusätzlich in die Welt gesetzt, erweitert somit das Humor-Spektrum seiner Erzeuger. Bedauerlicherweise wird in Deutschland Twitter noch immer unterschätzt oder missverstanden und deshalb zu wenig genutzt. Viele Menschen haben offenbar ein Problem damit, sich 140 Zeichen lang pro Mitteilung kurz zu fassen, obwohl gerade darin Reiz und Vorteil bestehen. Denn wer will schon andere langweilen, anderen gelangweilt zuhören, sich ellenlange Selbstdarstellungstexte antun? Blogs sind erfreulich, eine tolle Bereicherung für den einschlägig Interessierten. Aber sie bedienen, etwas zeitraubender meist, jeweils engere Fangemeinden mit längeren Abhandlungen spezieller Sparten und Themen. Facebook wiederum hat ein Datenschutzproblem, greift gern eigenmächtig in die Reihenfolge und damit Verfügbarkeit der Nutzerbeiträge ein.

Twitter kann auf die ersten drei Blicke und je nach Art

und Anzahl der Leute, denen man folgt, tatsächlich mit so belang- wie sinnlosen Satzfetzen und Bildern vollgestopft erscheinen, die im Sekundentakt hochpoppen und gefährlich anzuschwellen drohen, um kurz darauf in der Bedeutungslosigkeit ihrer ewig währenden digitalen Vergangenheit aus dem Blickfeld zu verschwinden. Und wie das Ganze funktioniert, bevor es anfängt, Spaß zu machen oder halbwegs einen Sinn zu ergeben, begreift man erst nach und nach, weshalb die Mehrheit der dieses Medium ausprobierenden Nutzer zu früh aufgibt. Dadurch bleibt ihnen verborgen, welche Perlen an Gedanken es dort unerschöpflich zu finden gibt, auch wenn sie zunächst wie Nadeln im Heuhaufen zu suchen sind.

Unter deren Verfassern tummelt sich eine stetig wachsende Gemeinde witzelnder Vielschreiber. Nur muss man sich diese relativ aufwändig zusammensuchen, darf sich anschließend aber wundern, wie produktiv diese Leute sind, und das völlig unentgeltlich. Sicher, eine Menge wird hier geklaut, adaptiert, aufgewärmt, und am Ende weiß keiner, wer die Sprüche und Bilder ursprünglich in die Welt gesetzt hat, bei welchem sozialen Netzwerk sie zuerst aufgetaucht sind. Beim Humor war das schon immer so: Witze kennen keinen geschützten Urheber, selbst jedem bekannte Sprüche werden andauernd unterschiedlichen Verfassern oder gleich gar nicht mehr zugeordnet:

Die Lage ist hoffnungslos, aber nicht ernst.

So entsteht jedenfalls Neues, werden originelle Gedanken und Fantasien verbreitet, nicht zuletzt weil das verzweigte digitale System die Kommunikation permanent am Laufen hält, regelrecht befeuert. Möglich ist das durch ein jederzeitiges Posten von jedem Ort und Örtchen dieser Welt aus, durch das Erwähnen, Antworten, Favorisieren und Retweeten, was dem Zitieren entspricht. Hier einige der Richtungen des bei Twitter zu findenden Humors:

Ziemlich einfallsreiche Blödelei

Schon bedingt durch das mehrheitlich jüngere Alter sowie ungebremste Mitteilungsbedürfnis betreffender Twitter-Dauernutzer handelt es sich bei der Blödelei um den wohl typischsten Humor dieses Mediums. Selbst wenn Logik, Sinn und wahre Bitternis des Lebens zu kurz kommen, drückt das nicht etwa verflachte Qualität aus. Humor ist zum großen Teil eine Frage des individuellen Geschmacks, insofern auch die Blödelei immer gern gesehen, zumindest bei der Klientel unbeschwert spaßender Halbwüchsiger und postpubertierender Witzbolde.

Geburtstage sind gut für die Gesundheit. Es ist wissenschaftlich nachgewiesen, dass Menschen mit mehr Geburtstagen länger leben.

@Maillioni

Da geht man zum Zahnarzt, bekommt einen Latz um, aber nichts zum Essen. So traurig.

@*Infinity83*

Habe heute mal Russisch Tourette gespielt: Solange wahllos Leute anschreien, bis man eine geknallt bekommt.

@*twitairline*

Ich führe ein Leben wie Hugh Hefner. Also ohne die Frauen. Und ohne das Geld. Eigentlich trage ich nur oft einen Bademantel.

@*Pokerbeats*

Bombe an A3 nahe Frankfurt gesprengt – A3 wieder frei …. Gute Methode. Kann man das bei Stau nicht immer so machen?

Wenn mir langweilig ist, schreie ich Menschen an Bushaltestellen an, die auf ihr Handy gucken: „Muss das sein? Pornos? Hier sind Kinder!"

@Regendelfin

Ich habe meinen Wecker angebrüllt, in die Dusche geworfen und schicke ihn jetzt zur Arbeit. Nur damit er mal weiß, wie das ist.

@RockitComedy

Nusscreme-Kaffee-Keks-Harmonie

Diese Kategorie ist zwar an Leichtigkeit nicht zu übertreffen und beinhaltet nicht weniger Geblödel, bewegt sich aber aufgrund bestens bekannter Situationen und simpler lukullischer Requisiten von hohem Wiedererkennungswert bereits näher an der Realität. Diese Realität mag vollendet belanglos wirken, doch ist gerade sie imstande, die Sinne, die Genussfähigkeit, ein Harmoniebedürfnis, das ewige Kind in uns anzusprechen. Man könnte diese Kategorie auch als Flausch-Kuschelweich-Humor beziehungsweise Nusscreme-Kaffee-Keks- oder Bier-Chips-Pizza-Mett-Humor bezeichnen:

„Darf man hier Bier trinken?" „Das ist eine Bibliothek!" „Also leise aufmachen?"

@Maillioni

Er so: „Meine Kekse sind auch Deine Kekse". Ich so: „Welffe Kekffe?"

@Dezemberglueck

Der Haushalt starrt mich an. Ich starre zurück ohne den Blickkontakt zu verlieren, schiebe ein Stück Schokolade in den Mund. Gewonnen.

@zuletztgelacht

Grundnahrungsmittel heißen so, weil man sie ohne irgendeinen Grund essen kann. Schokolade und Kekse gehören beispielsweise dazu.

@Mahatmapech

Ich liebe mein Bier. Mein Bier hat mich noch nie gefragt, wie viele Biere ich schon vor ihm hatte!

@simi_schalke

Ich muss Nutella einen Beschwerdebrief schreiben......Weil der Suppenschöpfer nicht ins Glas passt.

@Wild_Urb

In meiner Buchstabensuppe sind mal wieder nicht genug Vokale, um sinnvolle Texte an den Tellerrand zu legen. Ich kann so nicht essen.

@urmels

Weder Schlagabtausch noch knallige Pointen kommen hier zum Tragen, mehr ein gediegen-lakonisches Plaudern, bezogen auf die rein persönliche Erheblichkeit gänzlich belangloser Alltagserfahrungen. Überwiegend frei ist dieser Humor von Häme, Spott, Zynismus und Sarkasmus wie ebenso von Satire, Schwarzkomik, Sex, Sexismus oder sonstiger Diskriminierung – eine Art manierliche Eigen-Comedy mit spielerisch verpacktem Hintersinn. Hier wird das harte, hektische Alltagsleben als Online-Tagebuch versöhnlich durch die Brille seichter, fast noch kindlicher Komik und realer Selbstironie gemildert.

Der übliche Job-Irrsinn

Eine dritte Kategorie ist ähnlich gestrickt wie der Blödel- und Genusshumor. Die Realitätsnähe hat hier einen bereits ernsteren Hintergrund aufzuweisen, geht es doch um das tägliche Leid der gewöhnlichen Idiotie unserer aller Arbeitswelt:

Morgens gehe ich oft aus der Tiefgarage nochmal auf die Straße, um auf dem Firmenschild zu lesen, was wir eigentlich machen im Büro.

@einfach_Susanne

1/2 Minute versucht, Blatt abzuheften. Blöd nur, die Löcher waren kopiert. Falls Sie mir wieder einmal Intelligenz unterstellen.

@kulturbolschewi

Mein Kollege ist fleißig und arbeitet sehr gewissenhaft. Aber sonst ist er ziemlich in Ordnung.

@Joestfoen

„Werden Sie endlich mal fertig mit der Mail?" „Sorry Chef, Gehaltsvolumen aufgebraucht. Ich schreibe jetzt mit reduzierter Geschwindigkeit."

@4zido

Bin mir oft nicht sicher, was ich auf der Arbeit mache. Bis ich jemanden rufen höre: „Welcher Idiot war das?" Dann fällt es mir wieder ein.

@_ungenau_

Talentiert bin ich ... Ich kann ein „Leck mich am Arsch" in ein hörbares „Mach ich Chef" verwandeln.

@Feenstaub007

Beziehungstheater

Das mit Abstand wohl größte Rätsel aller Zeiten, das uns das Letzte an Toleranz, Verdrängung und Heuchelei, aber auch an Enttäuschung, Grübelei, Wut, Angst, Verdächtigung und Totschlagsfantasien abverlangt, hat mit dem süßen Gift des Beziehungsglücks zu tun. Angesichts all dessen kommt es einem Kunststück gleich, solch ein

Leiden in harmlos anmutenden Humor zu verwandeln. Immerhin ist fast jeder von uns betroffen, mit beinahe täglicher Frequenz, weshalb der Schmerz bei diesem Thema anscheinend am besten nachvollziehbar ist, die Verzweiflung darüber eigentlich jeden Spaß am Humor vermissen lassen müsste. Und dennoch kommt gerade dieser Humor auf Twitter mit am häufigsten vor, originell stets und relativ stubenrein, meist anregend indirekt:

> *„Schatz?" „Ja?" „Mit deiner Figur kannst Du echt alles tragen." "Findest Du?" „Ja. Trägst du mal bitte den Müll raus?"*
>
> *@zuletztgelacht*

> *Seit ich Single bin, habe ich zwar keinen Sex mehr, aber auch viel weniger Kopfschmerzen.*
>
> *@Lis_ck*

> *„Schatz, ich hatte gerade ein wohltuendes und entspannendes Kräuter-Bad!" „Du hast 'ne Flasche Jägermeister in der Badewanne gesoffen!"*
>
> *@twitairline*

> *Der Mann hat meinen Fahrstil kommentiert ... Jetzt läuft er halt.*
>
> *@s_ill_e*

> *„Schatz, bin ich zu fett?" „Nein Schatz." „Du lügst." „Niemals Schatz." „Ich bin aber fett." „Ok, hast Recht." „Du Scheißkerl!"*
>
> *@superaspie*

> *In einer Ehe ist es völlig legitim, auch mal „Nein" zu sagen. Solange man das „Doch!" der Frau ertragen kann.*
>
> *@sanitario_*

Frivoler Humor

Bis auf wenige Ausnahmen, die meist Werbung für weiterführende Sex-Seiten betrifft, geht es bei Twitter sogar auf diesem Gebiet überwiegend gesittet zu. Viele befürchten anscheinend, die Regeln des sozialen Netzwerks zu verletzen, von anderen Nutzern gemeldet oder von potenziellen Arbeitgebern später online gefunden zu werden. Ein besonderer Drang ist dennoch nicht zu übersehen, sich – mehr oder weniger manierlich, stets jedoch ehrlich und direkt – auch in sexueller Hinsicht mitzuteilen. Wobei Frauen das gefühlt häufiger zu tun pflegen als Männer. Weshalb? Seltener dürfte es an Zufriedenheit und Stolz liegen, eher an Sehnsucht und Mangel, vor allem aber an dieser ständigen Unsicherheit: über die Sache an sich sowie über denjenigen, den sie gleichfalls betrifft, betreffen müsste, könnte oder sollte.

Frauen mögen es nicht, wenn man ihnen sagt, was sie zu tun haben. Außer sie sind nackt.

@superaspie

„Mein Höschen passt heute zu meinem BH.“ „Du trägst doch gar keinen BH.“ „Sag ich ja.“

@Regendelfin

Nicht dass du denkst, ich will mit dir ins Bett! Der Küchentisch reicht mir auch.

@MissMcCoffee

Tage, an denen man heimkommt und nur einen Mann bräuchte, der einen aufs Bett wirft und sagt: „Entspann dich, Baby! Ich übernehme den Rest!“

@wortgourmande

Egal wie toll der Charakter eines Menschen auch ist, das Auge fickt mit.

@Lis_ck

„Sie müssen mit dem Masturbieren aufhören!" „Was hat das mit dem Beinbruch zu tun?" „Nichts, aber Sie verwackeln gerade die Röntgenbilder"

@twitairline

Schwarzer Humor

Nicht für jeden gedacht ist der bitterböse bis rabenschwarze Witz. Gegen konkrete Personen richtet sich auch dieser Humor nicht, insofern ist er rein fiktiv und nur im Rahmen der erdachten Geschichte heikel:

Er: „Schatz, mein Badewasser wird kalt." Sie: „Moment, ich hol' den Fön."

@Mailwurm666

Dieser Schock, wenn man aufs Sofa springt und es knackt. Und dann die Erleichterung, dass es nicht das iPad war, sondern die Katze.

@DerWachsame

Wenn ich Langeweile habe, setze ich mich mit dem Laserpointer in die Sauna und markiere die Schwachstellen an den Körpern der Anderen.

@Mahatmapech

„Sag mir etwas Nettes." „Du hast diese Woche nicht zugenommen. Zumindest nicht so viel wie sonst."

@Dezemberglueck

„Opa, wo willst du denn jetzt wieder mit dem Rollator hin?" „Auf den Friedhof." „Und wer holt dann den Rollator ab?"

@*Lis_ck*

Habe zwei kleine Vampire mit meinem Holzpflock von ihren Leiden erlöst. Seltsamerweise hatten sie Bonbons bei sich.

@haekelschwein

Single-Melancholie

Twitter wäre keine sozialnetzwerkende Kommunikationsplattform, wenn sich hier nicht auch einsame Herzen versammelt hätten. Kontakte findet man auf Twitter zwar seltener, da es sich im Grunde mehr um ein Informations-, Hinweis- und Selbstdarstellungsmedium handelt als um ein soziales Netzwerk. Dennoch sendet diese Spezies melancholischer Singles in einer Art Eigentherapie immer wieder selbstironisch-erotische Hilferufe aus in der Hoffnung auf ein linderndes Ventil, auf passendes Gehör, tieferes Verständnis und eine vielleicht doch noch perfekt auf sie abgestimmte Reaktion mit heimlicher Verheißung auf mehr.

Schlafenden Menschen im Zug lege ich gerne Botschaften auf den Schoß: „War schön mit dir. Melde dich, wenn du mal wieder in Berlin bist."

@*Lis_ck*

Mein zukünftiger Ehemann verpasst gerade die besten Jahre meiner Brüste. Wenn er das nur wüsste.

@*wortgourmande*

In meinem Kosmetik-Adventskalender war heute After Shave. So nah war ich einem Mann schon lange nicht mehr.

@ornithologin

Ich mag One-Night-Stands. Einige meiner längsten Beziehungen waren One-Night-Stands.

@Dezemberglück

Beziehungsstatus: Ich nehm' das Ding jetzt selbst in die Hand.

@zuletztgelacht

Wenn das Date spontan Goethe rezitiert und du kurz bedauerst, auch zukünftig Nägel selber in die Wand kloppen zu müssen.

@jazcblu

Digitale Selbstreflexion

Wie sollte es anders sein: Bei all der Offenheit und Ehrlichkeit, der Harmonie und dem geteilten Irrsinn, bei allen Fantasien, Sehnsüchten, Vorurteilen und Erfahrungen trennt und verbindet diese Menschen quasi allein noch das Internet. Insofern musste dieser Raum einfach zum Gegenstand der Kommunikation werden, den digitalen Humor erschaffen, der sein eigenes Medium und die darin stattfindende Moderne der Zwischenmenschlichkeit durch elegante Kritik und Selbstkritik infrage, zumindest auf den Prüfstand stellt:

Ich bin bei Twitter, weil sie bei Elite Partner nur Singles mit Niveau nehmen.

@Mailwurm666

Für die einen ist es Twitter – für die anderen die zeitintensivste Versuchung, seit es Monologe gibt.

@4zido

Einfach mal 3 Tage ohne iPhone aufs Land fahren, im moosigen Wald spazieren, Natur erleben. Dann weißt du, was wirklich zählt: Das iPhone.

@wortgourmande

Das Internet ist ausgefallen, also musste ich die Zeit mit meiner Familie verbringen. Scheinen nette Leute zu sein.

@MarcelLateNight

Diese schreckliche Gefahr, dass das mit den echten Menschen so überhandnimmt, dass man das Internet nicht mehr braucht.

@Goganzeli

Es genügt nicht, geistlose Tweets zu posten. Man muss auch unfähig sein, sie zu formulieren.

@Moltroff

Psycho-Eigentherapie

Da soziale Netzwerke aufgrund ihrer Anonymität auf bestimmte Menschentypen unverkennbar eine besondere Anziehung ausüben, erlebt man hier nicht selten auch extremere Fälle. Über viele kann man sich ärgern, einige wenige geben ihre Neurosen und Psychosen offen zu, leben sie aus, mehr oder weniger herzerfrischend und mitleiderregend. Solange halbwegs Humor im Spiel ist und man nicht weiß, ob die Leute tatsächlich einen Dachschaden haben, mal hatten oder kurz vor einem stehen, tut das der Originalität und Sympathie keinen Abbruch. Verlass auf sie ist jedenfalls, produktiv sind sie allemal, unendlich kreativ, selbstironisch und kontrolliert chaotisch:

Mein Praktikum im Kindergarten hat mir sehr geholfen. Noch vor zwei Wochen habe ich nur halb so viele Kinder mit Lego an den Kopf getroffen.

@Lis_ck

Ich liebe meine multiplen Persönlichkeiten. Sie aber mich nicht.

@painchen88

Alle reden miteinander im Büro. Nur ich darf nicht dabei sein. Früher dachte ich ja, dass es um Geschenke für mich ging.

@einfach_Susanne

„Darf ich fragen, wen Sie da würgen?" „Weiß ich selbst nicht. Habe die Kontrolle über mich längst verloren."

@vergraemer

Mich macht es unglaublich wütend, wenn Menschen in der Fußgängerzone neben die Quadrate treten.

@klettsenkel

Ich habe eine Frau berührt! Eine echte Frau! Fast zehn Minuten. Es ist ein tolles Gefühl. Morgen kauf' ich mir eine Monatskarte.

@Mailwurm666

Was für ein wunderschöner Morgen. Ich möchte singen, tanzen, meine Mitmenschen vor den Bus schubsen.

@_ungenau_

Amateur-Satire

Satire sollte auf keinen Fall fehlen, da sie als wirksames Ventil täglich angestauten Ärgers beider Seiten Dampf ablässt, den des Verfassers wie den des Lesers. Allerdings fühlt ein größerer Teil der Twittergemeinde wirtschaftlich, sozial, politisch, ökologisch oder kulturell offenbar weniger den Druck und Irrsinn auf sich lasten, weshalb die Satire, vor allem die politische, es in dem jungen Medium schwer hat, nur von einer Minderheit geschätzt und gelobt und von einem verschwindenden Bruchteil dieser Minderheit selbst praktiziert wird. Erkennen kann man das an der Zahl der regelmäßig genutzten Satire-Accounts sowie an den Favorisierungen der entsprechenden Tweets im Vergleich etwa zu denen der üblichen Blödeleien, melancholischen Selbsterfahrungen, kitschig-ernsthaften Lebensweisheiten oder Kommentare zu Fernsehsendungen.

Und wenn man den Bahnhof oben ließe und Stuttgart unter die Erde verlegte? Also, mal rein ästhetisch betrachtet… aber mich fragt ja keiner.

@haekelschwein

Rückenschmerzen bei berufstätigen Deutschen häufigste Krankheit. Klar! Nirgendwo wird vor den Chefs so gebuckelt, wie bei uns.

@Wurfschuh

Deutsches Fernsehen. Stoppt die Gähntechnik.

@jetztwirdsernst

Noch ein Jahr, und man kann sich wieder Pullover über die Schultern hängen, ohne sofort für ein FDP-Mitglied gehalten zu werden.

@HausOhneFenster

Deutschlands Autobahnen, wo aus historischen Gründen niemand rechts fährt.

@Horst_Hutzel

Das Gute an einem akademischen Freundeskreis ist ja, dass man mindestens drei Taxifahrer kennt.

@kopfscheu

Satire ist ein gezieltes Verspritzen jenes kalten Kaffees, der uns einfach hochkommen muss, sobald wir ein genaueres Auge auf die machtgierige Politik richten, auf die uns verschleißende Wirtschaft, die mauschelnden Lobbyisten, die Milliarden verschwendenden Staatsbeamten, das profitorientierte Gesundheitswesen, die schier unbezahlbare Europa-Rettungs-Bürokratie, das global blutsaugende Großkapital, auf all die sonstigen fragwürdig agierenden Personen, Parteien, Behörden, Verbände, Organisationen und schönen Vereine.

Wie den Humor, überlassen wir ebenso die Satire gern den Profis – was aber nicht sein muss, denn zu meckern gibt's genug, und necken, witzeln, lästern kann wohl jeder, zahlreiche Vertriebskanäle warten im Netz nur darauf. Die Zeiten zwingen uns regelrecht dazu, und das nicht etwa, weil sich harmlose Promis danebenbenehmen oder die Politik hinter unserem Rücken mal wieder ihr eigenes Ding macht. Sondern weil verstärkt Tabus aufgebaut und vorgeblich alternativlose Ansichten gleichgeschaltet verbreitet werden.

Bildungsministerin fordert höhere Altersgrenze beim Mindestlohn …. Unbedingt: Am besten Renteneintrittsalter.

Das hat natürlich Gegenbewegungen geschaffen, mit freien Online-Magazinen, Websites, Blogs, massenweisen Beiträgen in Foren und sozialen Netzwerken. Die Online-Medien sind wie geschaffen dafür, hier darf jeder sagen, was er will – auch das ist Freiheit und gelebte Demokratie.

Prompt kann man reagieren, all die Schwätzer, Heuchler, Schönfärber und Vertuscher entlarven, die Ignoranten und Trantüten provozieren, zum Nachdenken anregen.

Nur Gift und Galle sollte man nicht spucken dabei, sich nicht verfolgt fühlen von finsteren Mächten, keine Lügen verbreiten, nicht Verschwörungstheorien erliegen, Menschen nicht mobben, schikanieren, verleumden, beleidigen, in ihrer Würde verletzen. Gefragt sind stattdessen mehr Realitätssinn und Ausgewogenheit, vor allem Enthüllungs- und Aufklärungsgeist, Witz und Lässigkeit – genau das vermag Satire zu leisten.

In ihrer Gesamtpersönlichkeit darf man die Zielscheiben der Satire nicht verhöhnen, einzelne ihrer zutage tretenden Eigenschaften, Meinungen, Äußerungen und Verhaltensweisen aufspießen hingegen schon. Und natürlich bedient man sich auch dabei einer bunten Palette an Humortechniken zur Überzeichnung, Verzerrung, Unterstellung, Vereinfachung, Auslegung, Täuschung oder Umkehrung.

Arbeitnehmer in Deutschland machen im EU-Vergleich die meisten Überstunden .... Ist aber kein Problem: Dafür gehen wir später in Rente.

Mit satirischem Humor im Internet lassen sich heikle Themen brandaktuell und frei behandeln, noch dazu, wenn sie die Leute besonders bewegen. Politisches Kabarett und Satiresendungen im Fernsehen sind demgegenüber erst nach Tagen oder Wochen zu später, meist müder Stunde verfügbar. Zensiert werden sie zum Glück nicht, zumindest nicht direkt und von außen, das schaffen die Öffentlich-Rechtlichen in den bisweilen erforderlichen Fällen kraft ihrer regierungsbestimmten Rundfunkräte auch allein.

Sichtbar wird das etwa daran, wenn es gegen vom Mainstream abweichende alte und neue Kleinparteien, Bürgerbewegungen oder Protest- und Wutbürgeraktionen geht. Oder um bestimmte Religionen, Hartz IV, europäische Pleitestaaten, den Euro, Lobbyismus, Geheimdienste, Whistleblower sowie die Russland-, Asyl- und Integrationspolitik. Dann reichen die Volksberuhigungsdrogen Fußball, Formel 1, Computerspiele, Facebook, YouTube, Shoppen, Sex, Krimi- und Krankenhausserien, Reality-TV, Comedy und Musikantenstadl nicht mehr aus. Dann muss sogar die Satire ran und herhalten, muss Meinungen bilden, anstatt sie aufs Korn zu nehmen, muss unfair tricksen, bösartig unterstellen, unbequeme Erscheinungen subtil verunglimpfen, anstatt sie den wahren, großen, etablierten, sich bedeckt haltenden Machenschaften und Defiziten in Staat und Wirtschaft gegenüberzustellen.

> *Jeder Fünfte in Deutschland ist von Armut oder sozialer Ausgrenzung betroffen .... Aber kein Problem: Unser aller Durchschnittsvermögen wächst und wächst.*

So lässt sich die offizielle Satire als eine Art Staatstrojaner infiltrieren, um die verschnarchten öffentlich-rechtlichen Volkserziehungsprogramme aufzuhübschen und über das Einschleusen in die zerebralen Spaßzentren der Bürgerköpfe deren gesellschaftliches Gewissen auf Linie und von der pauschalen, vermeintlich rechten und linksradikalen Ecke fernzuhalten. Durch audiovisuelle und gekonnte darstellerische Effekte, eloquente Typen und Anreicherung mit Comedy-Elementen wird zuweilen eine der Regierung, Europa und den USA genehme Sichtweise dem Volk schmackhaft und damit glaubwürdiger gemacht.

Je knallbunter und schriller man dabei draufhaut mit scheinbar seriös recherchiertem Hintergrundwissen, zu beispielsweise den Machenschaften vergangener Regierungen bei der staatlichen Rente und privaten Altersvorsorge, desto weniger merkt der sich oberflächlich schadenfroh amüsierende Bürger, was da unterbewusst transportiert wird: Dass wir uns gern mal aufregen und unbekümmert lachen sollten, am Ende all die Schweinereien dennoch hinzunehmen haben, diese ständigen insgeheimen Kürzungen und neuen Belastungen sowie die drohende Altersarmut trotz Durchschnittsverdienstes, und dass wir weiterhin frohgemut in die eigentlich doch so coole gesetzliche Rente einzahlen dürfen.

Schließlich gehe es um Großes, um den Generationenvertrag, der könnte abschmieren, falls die bekiffte Generation Facebook, die mit einem rudimentären Ruhegehalt gestraft sein wird, plötzlich hochschreckt und keinen Bock mehr hat, Monat für Monat die stolzen Beihilfen für jetzige Senioren trotzdem edelmütig abzudrücken – das möchte doch keiner.

Die EU will den Verbrauch von Plastiktüten pro Bürger und Jahr von 200 auf 90 reduzieren .... Nicht bei mir: Ich rauche nur Papiertüten.

Wenn aber die Satire selbst zum Bestandteil der weitgehend handzahmen Leitmedien wird, vor allem der öffentlich-rechtlichen, sollte zumindest das freie satirische Scherzen und Witzeln im Netz aktiver werden, kein Blatt vor den Mund nehmen, egal, wie politisch unkorrekt, schmerzhaft bissig, persönlich oder amateurhaft sie dabei ausfallen mag.

Wolf Biermann analysiert messerscharf: Thüringer Würstchen ließen sich von der Linken in die Pfanne hauen .... Dafür soll er im ZDF jetzt eine eigene Koch-Show bekommen.

Obwohl selbst hier zunehmend auch die professionelle Satire Fuß fasst, findet man bei Twitter eine Menge amateursatirischer Sprüche, Cartoons, Karikaturen und Photoshop-Montagen über aktuelle oder Dauerthemen, Trends, Ideen, Ereignisse und größere Gebilde wie Parteien, Regierungen, Konzerne, Medien, Kirchen und Geheimdienste ebenso wie über Berufe, soziale Schichten, Städte, Regionen, Religionen und Länder. Das Zetern über

Gruppen wie Politiker, Manager oder die gegnerische Fußballmannschaft ist salonfähig, nur gegen konkrete Personen sieht es noch anders aus, da hält man sich achtsam zurück, weshalb auch immer.

Solange jedoch einzelne Leute ihre Popularität ausnutzen, in die Öffentlichkeit treten, ob aus scheinbar edlen Motiven oder heillos stolpernd über eine Kette von Fettnäpfchen oder handfeste Skandale, sollten sie genauso damit rechnen dürfen, nicht allein Jubelgeschrei zu ernten, sondern auch stichelnde Kommentare. Öffentlichkeit und Demokratie sowie Kommunikations-, Meinungs- und Satirefreiheit schließen das ein. Zudem braucht die Satire Stoff, ständig frisches Blut, möchte bunt und breit aufgestellt sein, nicht mit den ewig gleichen Zielscheiben langweilen.

Großer ADAC-Taxi-Test: Bei fast allen Fahrten lief etwas schief .... Deswegen nehme ich stets die Müllabfuhr: Die sind sauber, kennen die Strecke, sprechen deutsch.

Vielleicht erinnern Sie sich an das Coming-out des ehemaligen Fußballnationalspielers Thomas Hitzlsperger – damals eine halbe Sternstunde für Homosexuelle und eine Premiere für den deutschen Fußball, eine kleine Katastrophe allerdings für den Humor: Denn der durfte praktisch zu dem Thema nicht stattfinden. Lediglich fünf bis acht Prozent der Bevölkerung dürften homosexuell, Schwule wie auch Lesben keine besseren oder schlechteren Menschen als Heterosexuelle sein. Trotzdem musste das mehrheitliche kommunizierende Volk unbedingt in dasselbe pathetische Horn blasen, sich mit dem unverdächtigen Rudel heulend die eigene Modernität und Toleranz bitterernst beweisen.

Tatsächlich haben viele wohl die Gelegenheit nur genutzt zu einem Alibi für die noch immer verstohlen grassierende Homophobie, für schmuddelige Fantasien und Vorurteile. Während sich deshalb nämlich ein ansonsten erfolgreicher Late-Night-Talker harsche Rüffel der korrekt-schreibenden Zunft angesichts harmloser Kalauer zu dem Thema einhandeln musste, wurden sogar witzelnde Beiträge auf Twitter komplett ignoriert, geschweige denn favorisiert oder zitiert – Humor vorübergehend außer Betrieb.

> *Energie ist in Deutschland deutlich teurer als im EU-Durchschnitt .... Dafür sind unsere Löhne, Renten und Zinsen billiger.*

Nach wie vor löst Online-Satire in Deutschland, sobald sie mal deftiger, bissiger ausfällt, persönlicher wird und konkrete Namen nennt, bei vielen Leuten Unwohlsein, einen Schreck oder Empörung aus. Daher ist sie, die deutsche Netz-Unfrohnatur, nicht allzu willens, für solche ihr nicht geheuren Zwecke ihren sonstiger Weise locker sitzenden Applaus zu spenden. Offenbar genießen die verdienten und damit moralisch vermeintlich sauberen Promis mit ihren netten Mediengesichtern bei vielen der digital surfenden Gemeinde so etwas wie Artenschutz, Ehrfurcht, Ergebenheit, Gottvertrauen, ein Heile-Welt-Image oder einfach nur Mitleid.

Dergestalt geschützt erscheinen etwa blasse deutsche Fernsehdarsteller, stinkreiche Reality-TV-Exhibitionisten, alles aussitzende und schönredende Politiker, abgehalfterte Legenden, kindliche Popstars, werbelastige Schlagerblondinen sowie Profisportler, Ex-Profisportler, Trainer oder kriminelle Sportfunktionäre mit Einfluss. Sobald man von denen jemanden angeht, schießen sogleich diverse radikal schwärmende Fans, unterwürfige Ehrgeizlinge oder Apostel der Political Correctness aus ihren Startlöchern hervor und aus allen Rohren, um von Nichtahnung, Intoleranz, Plattheit, Miesmacherei und Sozialneid zu faseln.

Zu begreifen ist das nicht, solange jene vollöffentlichen Halbkoryphäen Millionen einsacken, nur weil sie durch ihre Fans, das Volk und die Medien großgeworden sind. Und solange sie öfter mal daneben greifen, ihr Leben mitunter vergeigen, sich gar nicht oder pro forma für gemeinnützige Zwecke engagieren, ihren Wohnsitz aus steuerlichen Gründen ins Ausland verlegen, dort zumindest ihre geheimen Geldberge bunkern, mit peinlichen Aussagen und Affären sich in Schlagzeilen tummeln, blamable Bücher schreiben, meist schreiben lassen, als Talkshow-Affen sich auf Verordnung der Medienindustrie von Sender zu Sender hangeln, um dort selbstverliebt für sich und ihr neues Geldbringerprodukt zu werben.

> *Wollte 215.000 Euro: Hoeneß-Erpresser wird zu drei Jahren und neun Monaten Haft verurteilt .... Schrecklich: Dann doch lieber 29,5 Millionen hinterziehen. Dafür gibt's nur dreieinhalb Jahre.*

Warum sollten nicht auch Amateure wie wir diesen schillernd schrägen Vögeln bei Facebook, Twitter, YouTube & Co. auf die Krallen klopfen dürfen, ohne dass wir uns selbst und die braven Mitbürger gleich zu Tode erschrecken? Wir haben doch sonst kein Sprachrohr, kein Wutventil, finden anderweitig kaum öffentliches Gehör. Und diese Leute haben es sich verdient: mit ihrer Exzentrik, ihrem Narzissmus, ihrem Exhibitionismus, ihrem Gottkomplex, alternativlosen Meinungsmonopolismus, ihrer weinerlichen Opferhaltung, den vielen Ex-Frauen und Busenblitzern, dieser unstillbaren Gier nach öffentlicher Aufmerksamkeit. Die Verlockungen der Macht, der Bekanntheit, des Geldes wie des Ruhms sind schlichtweg zu groß; der Mensch neigt dazu, stets mehr davon haben zu wollen bis hin zu Penetranz und Missbrauch.

Wenn wir dem schon nicht Einhalt gebieten können, sollten wir uns wenigstens ein bisschen darüber lustig machen. Satire ist direkte Demokratie. An vielen Ecken und Enden fühlen wir uns ohnehin übergangen, droht unserer Volksherrschaft und Mitbestimmung Schaden. Dann sollten wir zulegen, uns Gehör verschaffen und mit Satire abreagieren; nicht zuletzt macht sie einen Heidenspaß. Ist doch nur Spiel, nur harmlose Stichelei, Freiheit des spöttelnden Geists, wenn auch mit ernstem, entlarvendem Hintersinn sowie dem leicht befreienden Gefühl einer Genugtuung, welches wir allesamt dringend brauchen. Niemandes Leistung soll damit geschmälert, keiner in Grund und Boden beleidigt werden.

Aber ein Karikieren, Persiflieren und Parodieren müssen diese Typen, solange sie Personen der Öffentlichkeit sein oder werden wollen, ertragen können, in deren Geld ist das mit drin, ganz abgesehen davon, dass viele von denen jegliche Form öffentlicher Erwähnung begrüßen, erwarten, ersehnen, wie Süchtige regelrecht arrangieren und provozieren.

Niemand kann im Leben alles besitzen, die überwiegende Mehrheit der Menschen auf dieser Welt hat nicht mal eines davon: Höhere Herkunft, edle Bildung und kostspielige Förderung, Macht, Einfluss, Kontakte, haufenweise Fans, Titel, Ruhm, ein Riesenvermögen, lukrative Werbeverträge, Steuersparmodelle, von Ghostwritern geschriebene Bücher – und dann obendrein Immunität in den Online-Medien gegen Comedy und Kabarett, gegen feinen Spott und lockere Satire? Was soll hier anders sein als im wohlorganisierten Blätterwald, Fernsehen und Rundfunk, wo es, wenn's drauf ankommt, deutlich professioneller im Sinne von derber, intimer, pikanter und effektvoller zugehen kann.

Hier einige weitere satirische Twitter-Kommentare auf ehemals aktuelle Meldungen, die immerhin Namen nennen:

Obama kündigt Milliardeninvestitionen in Afrika an .... Großartig! Etwa wieder diese renditestarken Finanzwetten auf Lebensmittel?

Zwangsstopp für ICE von Frankfurt nach Amsterdam wegen Rauchentwicklung .... Alle Reisenden werden evakuiert. Nur Helmut Schmidt bleibt sitzen.

„Das Leben ist kein Spiel": Boris Becker bereut Veröffentlichung seiner Autobiografie .... Wie löblich. Also hat er sie inzwischen gelesen.

Sinnloser Prozess: Staatsanwalt bezichtigt Christian Wulff der Lüge .... Ungeheuerlich! Weiß der nicht, dass Wulff mal Politiker war?

Fazit zu Twitter: Falls man in der Flut an Tweets den Humor überhaupt erwischt, da er dort ein kleines Segment unter vielen einnimmt, meist belanglos blödelnd, seltener vollends schräg bis derb, ansonsten ziemlich zahm und kuschelweich daherkommt, ist er bunt wie das Leben. Im Gegensatz zu den in sozialen Netzkanälen ansonsten immer wieder mal vorkommenden Shitstorms und Bashings, dem ganzen Hass und Mobbing, erhebt sich innerhalb der Humor-Sphäre kaum jemand bösartig über den anderen. Überwiegend dankbar ist man stattdessen für die Vielfalt an Ideen, für die niemals abreißende Kreativität, die ständig neuen Anregungen. Der Twitter-Humor ist lakonisch, chaotisch, fantasievoll und verrückt, trocken und trotzdem frisch, vor allem authentisch und überwiegend stubenrein, selbstironisch, nicht verletzend.

Was ihm oft nur fehlt, ist der Zeitgeist, der ansonsten gerade sozialen Netzwerken innewohnt, in Echtzeit dort abgebildet und geprägt wird. Vielleicht ist dieser Humor ja einer der Wege psychologischer Bewältigung aktueller Geister, die uns mit den Online-Medien über den Kopf zu wachsen drohen. Besonders die Satire geht da wesentlich weiter, ist keine Ablenkung, keine reine Unterhaltung oder Verdrängung, nicht nur Spiel und Verarbeitung, sondern zusätzlich ein Dampfventil für die Wut, das Unverständnis und die Machtlosigkeit gegenüber all den unheilvollen Geschehnissen, ist eine Attacke gegen die aus dem Ruder laufenden Zeitgeister.

Doch ob mit oder ohne Satire – die sozialen Online-Medien spiegeln das „reale Leben“ nicht nur wider: Längst sind sie selbst zu einem autonomen Ort lebendiger, interaktiver Humorschöpfung geworden. Man sollte hoffen, dass dieser Trend so weitergeht, alle Schichten und Altersgruppen erfasst und vermehrt auf die analoge Alltagswelt zurückschwappt, um sie zu entspannen, zu erfreuen, zu beflügeln oder einfach erträglicher zu machen.

Haben Sie genug Humor? Oder nur genug von Comedy?

Neben den sozialen Netzwerken und Plattformen wie Facebook, Twitter, YouTube & Co. bietet das Fernsehen weiterhin jede Menge Humor in Form von Satiresendungen, Kabarett und Comedy, blödeln die Radiosender nach wie vor schon frühmorgens um die Wette, quillt unvermindert auch das sonstige Internet über von alten Witzen, professioneller Satire und blödelnden Sprüchen, verrückten Videoclips, Cartoons, Karikaturen und irren Photoshop-Montagen. Für beinahe jeden Humorgeschmack haben die Medien etwas zu bieten. Sie erschaffen Kult wie Monty Python, Mr. Bean, Loriot, die Simpsons oder Stromberg und bringen eine neue Art von Star hervor, der an zwei Tagen hintereinander ein Stadion mit insgesamt 120.000 Zuschauern zu füllen vermag, und gemeint ist hier nicht der Papst.

Wie gigantisch. Aber hilft Ihnen das weiter? Haben Sie damit genug Humor? Oder nur genug von Witzen und

Comedy, von nervenden Comedians, nie genug Humor im Alltag, nicht genug eigenen Humor? Während Kinder etwa 400 Mal am Tag lachen, tun Erwachsene das 15 Mal. Vor 50 Jahren sind wir täglich auf 18 Minuten gekommen, heute lachen wir gerade mal sechs.

Geht es in Ihrer Familie, Ehe, Partnerschaft denn heiter zu? Sind Ihre Kunden und Kollegen amüsant, sorgt der Chef öfter mal für Spaß, und das nicht auf Ihre Kosten? Zeigen Nachbarn, Freunde, Kellner, Verkäufer oder Mitreisende noch Witz? Oder erleben auch Sie, dass humorvolle Menschen rar werden, unser Alltag zur Humorwüste verödet?

> *Ohne Humor hat man im ernsthaften Spiel des Lebens die schlechteren Karten.*

Gegen miese Stimmung und die Widrigkeiten des Lebens können, abgesehen von Drogen oder Antidepressiva, deutlich gesündere Dinge ganz gut helfen wie singen und tanzen, kulinarische Genüsse, musizieren, Sport treiben, in der Sonne liegen, sich verlieben, Sex haben, meditieren, sich massieren lassen, im Lotto gewinnen, mal die Nacht durchfeiern. Humor bewirkt in etwa das Gleiche, nur kürzer, ist dafür aber schneller und in fast jeder Situation sofort verfügbar. Denn bekanntlich hat man nicht überall ausreichend Ruhe zum Meditieren, Zeit für Sport, nicht jedes Mal einen Masseur, Tanzpartner oder Lottogewinn zur Hand.

Heutzutage vernachlässigen wir ohnehin zu viele Dinge, die unserer Seele guttun, die sie regelmäßig braucht: die Geborgenheit einer liebevollen menschlichen Gemeinschaft etwa, gemeinsames Kochen mit Freunden, Natur, Bewegung, Spaß und Genuss, auch Kinder, Tiere und Zärtlichkeit oder Glaube, Sicherheit und berechtigte Hoffnung, ebenso Kunst, Kultur, eine kreative Betätigung.

Zum Teil kann unser Humor solche Defizite kompensieren. Er kann sogar helfen, sie abzubauen, worauf niemand verzichten sollte, da wir, bis auf die sonstige Gesundheit, wohl kaum etwas dringender brauchen als unseren gesunden Menschenverstand und seelische Balance: Beides ist eine Grundvoraussetzung für Gelassenheit, für unsere Fähigkeit zum dauerhaften, erfolgreichen Arbeiten, für florierende persönliche Beziehungen, eine empathische Kommunikation und Lebensfreude.

Wissen Sie eigentlich, wie oft Sie es versäumen, sich beliebt zu machen, Vertrauen zu schaffen, Menschen aufzumuntern, das Eis zu brechen, die Atmosphäre zu entspannen, Situationen zu retten, Druck abzubauen, sich nicht kränken zu lassen, sich elegant und souverän zu behaupten? Dabei könnten Sie faszinieren: mit origineller Leichtigkeit, schlagfertigem Esprit und pointiertem Erzählen, mit einer überraschenden, sympathischen und kreativen Ausstrahlung. Andere Menschen zum Lachen zu bringen, zeigt wunderbare Wirkungen, macht sorgloser, zufrieden und selbstbewusst, so oft Sie mögen, in fast jeder Situation. Und da Humor ansteckt, breitet er sich aus, kommt zurück, lässt uns dann ebenfalls lachen.

Gerade weil wir viele unserer Alltagssituationen als langweilig oder überfordernd, als verwirrend, peinlich, konfliktreich und unbehaglich empfinden, brauchen wir unseren Humor umso mehr, ist die Wirkung der kleinsten humorvollen Reaktion umso stärker und entlastender. Denn Humor ist unterdrücktes menschliches Seelenleben, das sich Bahn bricht und wohltuend befreit. Glücklich werden wir jedenfalls nicht, wenn wir uns am Ende alle gegenseitig nur komisch finden, selbst komisch vorkommen.

Den Spieß können wir auch umdrehen, heikle Situationen, unangenehme Gefühle durchkreuzen: So, wie sich zum Beispiel mit Lachyoga dieselben körperlichen und geistigen Wirkungen eines natürlichen Lachens in Richtung Freude, Gemeinschaftsgefühl und Entspannung erzeugen lassen, können wir uns mit dem eigenen, gezielt eingesetzten Humor Bedingungen schaffen, auf die wir sonst nur warten, dass sie sich von außen zufällig einstellen. Diese Bedingungen sind geprägt von Anregung und Abstand, von Unbeschwertheit, Fantasie und Kreativität als Voraussetzungen wiederum, dass wir selbst und unsere Mitmenschen spontan witzig und humorvoll sein können. So wird unser bewusst eingesetzter Humor zur Initialzündung einer Kettenreaktion guter Gefühle in der Gemeinschaft sich näherkommender Menschen.

Besonders stark ist, wer eine Schwäche für Humor beweist.

Niemand sehnt sich nach humorlosen Leuten

Nicht allein in Weinhandlungen, auch unter Bekannten, Freunden, Verwandten, Kollegen und Chefs finden sich stets einige Menschen, die nicht bloß selten lachen, noch weniger sich selbst auf die Schippe nehmen, sondern ebenso in heiteren Runden humorlos in Erscheinung treten. Das mag am Dauerstress liegen, an Introvertiertheit, Trägheit, Trauer oder Opferhaltung, am unpassenden Partner, einer melancholischen Veranlagung, nicht selten aber an übertriebener Sorge um Respekt, Kompetenz, Autorität und Vernunft.

Wer keinen Humor hat, sollte andere damit nicht belästigen.

Man kann es nicht oft genug betonen: Diese unwitzigen Leute glauben womöglich, dem beschwerlichen, entbehrungsreichen Leben gegenüber angemessen aufzutreten, als seriös und vertrauenswürdig zu gelten. Dabei sind sie in Wahrheit ein Risiko, eine gefährliche Nebenwirkung für sich, ihre Persönlichkeit, für andere nette Leute, eine menschliche Atmosphäre, für Entspannung, Spaß und Geselligkeit.

Müssten wir nicht längst die Nase voll haben von diesen Humordefiziten im Alltag, von all den Spaßschlaffis um uns herum? Leiden wir etwa selbst unter Scherzarmut? Humorlose Menschen können trotz ihres Mangels intelligent, freundlich, hilfsbereit und gesittet sein – rundum kultiviert und sozialisiert sind sie nicht. Genauso wie auch umgekehrt der reine Klassenclown ohne weitere Kompetenzen nur eine wackelige Persönlichkeit darstellt.

Und wehe wenn wir angewiesen sind auf humorlose Menschen, wir ein Team, eine Partnerschaft oder Familie mit ihnen bilden, sie Macht über uns erlangen, wir in heikle Situationen mit ihnen geraten. Humorlosigkeit erschwert den Umgang miteinander, kann die Stimmung trüben, die Kommunikation ermüden. Dann macht sich Unbehagen anstelle einer anregenden, ungezwungenen Atmosphäre breit. Knappe Freizeit wird verschwendet, Lebensfreude geraubt, Lernfähigkeit, Kreativität und Lust an der Arbeit gehemmt.

Bedenken Sie, wie dankbar Sie für jeden kleinen Scherz in langweiligen, angespannten oder fremden Situationen sind. Und bedenken Sie umgekehrt, wie eine humorlose Umgebung Sie auf Dauer belastet: langweilt, verunsichert oder stresst. Die Kräfte, die wir schonen, wenn wir nicht humorvoll sind, verschwenden wir um ein Vielfaches, um mit all den humorlosen Situationen fertigzuwerden.

Auch Sie erleben das sicher häufiger: Humor und Lachen stecken an, schlechte Stimmung verbreitet sich schneller. Bereits eine einzelne Person, sofern sie Einfluss hat und auf rücksichtsvolle Menschen trifft, ist fähig, den Geist einer ansonsten angenehmen Runde in eine komplett spaßfreie Zone zu verwandeln. Warum das so ist, habe ich mich oft gefragt – ob aus Geltungsdrang, verbunden mit notorischer Lustlosigkeit, Hang zur Depression, Neid, Missgunst oder sonstigen selbstsüchtigen Motiven? Bei den anderen, die das regelmäßig zulassen, handelt es sich wohl um Toleranz und Empathie, aber auch um Bequemlichkeit, Harmoniedrang und Opportunismus.

Meinen Humor brauche ich, um mit humorlosen Menschen klarzukommen.

Nicht weniger schrecklich sind diese immer selben dummen Floskeln, mit denen wir uns gegenseitig täglich verbal das Gemüt verspannen: „Halli-hallo", „Alles paletti, alles fit im Schritt?", „Du hier und nicht in Hollywood?" „Alles Chlor, alles klärchen?" „Mal sehen, was wir sehen." „Ganz locker vom Hocker." „Mein lieber Schieber." „Nicht schlecht Herr Specht." „Keine Panik auf der Titanic." „Schön den Ball flach halten." „Alte Frau ist kein D-Zug." „Das Leben ist kein Ponyhof." „Jawohl Tirol." „Heiliger Strohsack." „Ich werd heut nicht alt." „Montag ist Schontag." „Klaro." „Den ganzen Tag und abends mit Beleuchtung." „Wie sie sehen, sehen sie nichts." „Alter Schwede." „Holla die Waldfee." „Dann ist Ende Gelände." „Schluss mit lustig." „Aus die Maus."

Ertragen Sie das noch? Für mich sind diese Dauerphrasen wie all die täglichen Lustigkeitsmuffel und Pseudokomiker mit ein Anlass gewesen, der Anatomie des wahren Humors auf den Grund zu gehen. Ebenso die vielen kleinen Spitzen und Anmaßungen von Chefs, Kunden und Geschäftspartnern, gegen die man sich auf der Stelle zur Wehr setzen müsste. Denn wie schnell verstehen es solche Leute, die Grenze zwischen originell gewürzter Unterhaltung und seelischer Aggression uncharmant zu überschreiten. Ja, müsste, wenn einem rechtzeitig das Richtige dazu einfiele: eine so treffende wie souveräne Retourkutsche gegen dumme Sprüche wie: „Das bisschen Mehrarbeit würde meine Oma im Koma schaffen." „So wie Sie arbeiten, möchte ich mal Urlaub machen." „Sie wollen mich wohl nicht verstehen?" „Es tut mir leid, wenn Sie solche Schwierigkeiten haben, dann müssen sie sich eben mal ein bisschen anstrengen." „Sie haben sich doch schon so oft geirrt." „Wir sind hier nicht beim Wunschkonzert." „Über sie hört man ja so einiges." „Und von ihnen als Frau hätte ich das nie erwartet." „Urlaub ist nicht zielführend." „Wir können gern geteilter Meinung sein, Hauptsache, Sie teilen meine Meinung." „Auch Sie haben noch eine Menge zu lernen. Aber das muss nicht unbedingt in dieser Firma sein." „Karrieren werden nach 18 Uhr gemacht." „Um 17 Uhr gehen, wer hat Ihnen den halben Tag freigegeben?"

Diese Sprüche entbehren nicht immer eines gewissen Witzes, zumindest für Nichtbetroffene. Nur unterspülen sie auf Dauer das erträgliche Mindestniveau dessen, was wir unter lustig, köstlich, amüsant verstehen, nerven durch ständige Wiederholung, maßen an oder beleidigen, bringen den Humor generell in Verruf, absurd, unkreativ und feindselig zu sein. Und solange sie nicht zu verhindern sind, weil man weder zuschlagen noch fliehen darf, sollten wir wenigstens wissen, wie wir uns mit eigenem Humor angemessen zur Wehr setzen können.

Was ist Humor?

Eine große Frage, das gesamte Buch und zwei weitere Bücher der Reihe „Eine Formel fürs Leben" handeln davon. Jeder kennt und mag Humor, glaubt ihn selbst zu haben, spricht ihn anderen gelegentlich ab. Und jeder versteht etwas anderes darunter, ähnlich wie beim Glück, bei Gott, der Freiheit oder Liebe. Unendlich viele Spielarten des Humors scheint es zu geben, jeder Mensch hat seine eigene Ausprägung und Variante, seine Vorlieben. Andauernd werden die Begriffe Humor im engeren als auch im weiteren Sinne in etwa gleichwertig verwendet im Zusammenhang mit dem Lachen, mit Fröhlichkeit, Lustigkeit oder Gelassenheit. Eine klare Abgrenzung zu Erscheinungen wir Komik, Witz oder Scherz gibt es nicht.

Was Humor ist, das hat wohl noch niemand zu erklären vermocht: und ich glaube, schon der bloße Versuch, diesen Begriff näher bestimmen zu wollen, ist ein Beweis von Humorlosigkeit, weshalb ja auch hauptsächlich Universitätsprofessoren sich mit dieser Aufgabe beschäftigt haben.

Egon Friedell

Für unsere Zwecke soll folgende grobe Begriffsbestimmung gelten: Humor im engeren Sinne sei die Einstellung und Äußerung eines Menschen, einer misslungenen, bedrohlichen oder aussichtslos scheinenden Situation sowie jenen Dingen, die er ohnehin nicht ändern kann, heitere Gelassenheit abzugewinnen. Mit Humor im weiteren Sinne, worum es hier vor allem geht, sei all das gemeint, was Komik, Witz und Scherz sowie Selbstironie zum Ausdruck bringt, nicht vollkommen absurd ist und worüber jemand lachen, schmunzeln oder sich innerlich amüsieren kann.

Unser Schwerpunkt liegt dort, wo Humor nicht still im Innern eines Menschen stattfindet, nicht nur uns selbst hilft, sondern zugleich anderen direkt nützlich sein kann. Daher muss Humor, im engeren wie im weiteren Sinne, als solcher von jemandem wahrgenommen werden, eine Wirkung bei ihm auslösen. Gelungener aktiver Humor setzt demnach voraus, dass er Menschen erreicht, ihre Köpfe und Herzen. Unser Humor sollte eine Art Ware sein mit dem Wert der Komik und der Gebrauchseigenschaft, andere zu amüsieren. Das Geld, mit dem bezahlt wird, ist das Lachen oder die Freude, der Zuspruch, die Gelöstheit der anderen. Deshalb untersuchen wir später nicht nur die Worte, Figuren und Situationen, weniger noch den Komiker selbst, sondern vornehmlich das, was im Kopf unseres Humorkonsumenten passieren muss, damit er etwas als lustig, witzig, komisch, humorvoll empfindet.

Humor ist das, was man nicht hat, sobald man es definiert.

Rudolf Presber

Sie haben es sicher gemerkt: Dieses Buch möchte sich nicht verlieren in Unterschieden zwischen Komik, Witz und Humor, wie es distinguierte Literaten meist wertend, nicht selten abwertend gern verschwurbelt tun. Da seien etwa Zoten, Kalauer und Blödeleien verantwortlich für ein stilloses, niederes Wiehern, Kreischen, Grölen oder Feixen. Dem gegenübergestellt wird zuweilen das Lachen des Weisen oder das genießerische Schmunzeln wie auch das kokette, verschmitzte Lächeln. Denn Humor sei defensiv und tiefgründig, erhaben, eine geistige Qualität, ein guter Verlierer. Demgegenüber seien Witze aggressiv und tendenziös. Insofern spricht Peter Sirius vom Witz als Schaum an der Oberfläche, vom Humor jedoch als Perle aus der Tiefe. William Makepeace Thackeray versteht unter Humor die Einheit von Witz und Liebe, Novalis von Vernunft und Willkür. Den Witz sieht er hingegen entstehen, wenn Fantasie und Urteilskraft sich berühren.

Können Sie folgen? Nicht schlimm, nicht wichtig: Ob Witz oder Humor, ob Lächeln, Schmunzeln oder Lachen – Hauptsache, es kommt von Herzen, ist nicht falsch, nicht gekünstelt, nicht sardonisch, verkrampft, verschämt, bigott oder devot. Und vor allem: Den Spaß müssen wir teilen können mit unseren Mitmenschen. Unerheblich dabei ist die Form des Humors als Kalauer, Cartoon, Aphorismus, Scherz, Pantomime, Situationskomik, Selbstironie, Witz oder Komödien-Gag.

Wesen, Aufbau und Funktionsweise des Humors in sämtlichen seiner Erscheinungen werden nicht dadurch bestimmt, ob wir uns oder nur andere oder uns selbst und andere zugleich mehr oder weniger stilvoll oder geistreich, harmlos oder aggressiv durch den Kakao ziehen. Entscheidend ist vielmehr, dass jeder Humor eine Zielscheibe hat, egal ob in Person des Humoristen selbst, seines Gegenübers oder einer fiktiven Figur im Rahmen etwa eines Witzes, gegen die eine wiederum andere Figur schießt. Doch dazu später ausführlich.

Wenn wir die Menschen nicht verstehen, brauchen wir umso mehr Humor. Wir verstehen sie dann zwar noch immer nicht, kommen mit dieser Tatsache aber besser zurecht.

Unser Humor soll die Menschen erfreuen, in Ausnahmefällen auf Kosten Anwesender, wenn wir zum Beispiel gezwungen sind, uns schlagfertig zu behaupten. Und das Lachen der anderen stellt nicht nur einen der schönsten ideellen Werte für uns dar, eine Bestätigung, ein Kompliment, die Vollendung unseres Humors – umgekehrt ist unser Humor ein indirektes Kompliment an andere. Denn Humor zeugt von Aufmerksamkeit, originellem Mitdenken, Einfühlungsvermögen, Interesse an den Menschen, an der Situation, an der Gemeinschaft, was heutzutage längst nicht selbstverständlich ist. Eigener Witz und Humor stärken zudem das Ego, das Selbstwertgefühl, indem sie die eigene Eitelkeit bedienen: Nicht die negative, übersteigerte Form, nicht den Geltungsdrang, die Egozentrik, den Narzissmus, mehr die Lust, sich kreativ zu betätigen und das stolz zu präsentieren, was ein Erfolgserlebnis darstellt, nämlich anderen etwas voraus zu haben und ihnen damit zugleich nützlich zu sein.

Spaßen Sie also nicht derart, dass allein Sie Gefallen daran finden. Solche Typen kennt jeder, die sich über ihre merkwürdigen Scherze, womöglich auf Kosten Schwächerer oder Anwesender, am meisten amüsieren, während alle anderen innerlich die Schultern zucken.

Für sich allein ist man nicht witzig.

Johann Wolfgang von Goethe

Humor ist, wenn sich kreative Gedankenspiele mit einem Schuss bitterer menschlicher Wahrheit, Herz und gesunder Schadenfreude, besonders gegen sich selbst, zu einem erfrischend prickelnden Cocktail vermengen. Humor ist die Lust an der Last des Menschseins, ist der Spaß an der menschlichen Beschränktheit und den Pannen des Lebens, die vermeidbar wären, uns dennoch stets in die Quere kommen. Humor ist sowohl im täglich ermüdenden Kleinkram etwas Höheres, Schillerndes, Entzückendes als auch unter unseren Füßen der feste Boden eines gemeinschaftlichen Grundinstinkts. Humor ist die Nadel an der menschlichen Aufgeblasenheit. Nur wenige Dinge im Leben sind wahrhaft pathetisch, um mit Humor nicht von ihrem Sockel gestupst zu werden; alles andere wackelt sowieso schon, steht frei zur Disposition, als Zielscheibe unseres Humors zur Verfügung, uns selbst eingeschlossen.

Humor gleicht somit aus: Kommen wir uns einmal kleiner, schwächer, unbedeutender vor, erhebt er uns auf die gefühlte Augenhöhe zu unseren Mitmenschen. Sind wir zu weit abgehoben, holt er uns herunter vom Ross der Selbstüberschätzung, des Geltungsdrangs und Selbstmitleids.

Humor bedeutet aber nicht, sich schlicht mit den Schwierigkeiten des Lebens abzufinden, sie zu verharmlosen, zu schönen, zu verdrängen. Das tun Frohsinn, Albernheit, Optimismus und Verliebtheit ebenso. Das Besondere am Humor besteht zusätzlich darin, dass er die Tücken kraft einer kleinen versteckten Weisheit des Geists und einer zwiespältigen Lust der Triebe versöhnlich verarbeitet. Während Sprichwörter unsere natürliche Unvernunft mit verstaubten Weisheiten nur belehren, schmückt Humor diese Weisheiten mit glanzvoller Unvernunft. Unerheblich ist dabei, ob es sich um leichten Humor im engeren Sinne, etwa in Form von Selbstironie handelt oder um einen derben Witz.

Humor nimmt die Welt, wie sie ist, sucht sie nicht zu verbessern und zu belehren, sondern mit Weisheit zu ertragen.

Charles Dickens

Denn jeder Humor ist ein Spiel um die Ecke mit doppeldeutigen Gedanken und gegensätzlichen Gefühlen. Das gewohnte Verständnis von den einfachsten Zusammenhängen dieser Welt lässt er frontal auf eine zwar unübliche und dadurch unerwartete, jedoch immerhin theoretisch mögliche Interpretation der Worte, Figuren und Situationen prallen.

Humor ist somit ein Spiegel, in dem wir verzerrt das zu sehen bekommen, was wir und unsere Mitmenschen letztlich sind: hochentwickelte, vernunftbegabte Wesen mit Kultur und zugleich ziemlich unvollkommene, so merkwürdige wie ängstliche und übermütige, vom Affen abstammende lasterhafte Triebgeschöpfe mit einem ewigen inneren Kind.

Wenn man bedenkt, dass unsere Hirnzellen die gleichen Gene enthalten wie unser Hintern, wird einiges klar. Deshalb lassen sich manche Promis wohl ihr Fett von dahinten gern ins Gesicht spritzen. Unser Erbgut deckt sich ohnehin weitgehend mit dem des Hausschweins, mit dem des Schimpansen bis zu 99,4 Prozent, bei Männern übrigens mehr als bei Frauen – wer hat da gelacht? Schon insofern sind wir gezwungen, öfter mal die Sau rauszulassen, unserem Affen Zucker zu geben. Denn nur Humor vollbringt das Kunststück, all das miteinander zu versöhnen: Verstand, Vernunft, Kultur, Emotionen, Kind, Affe und Schwein.

Erst dadurch erleichtert Humor Situationen, erzeugt eine ungezwungene Stimmung, verbindet Menschen, reduziert Druck und Stress, hält uns Zweifel, Ärgernisse und Ängste auf gesundem Abstand. Humor ist ein Kontaktbeschleuniger und Katalysator der Kommunikation, ein Faktor seelischer und sozialer Balance. In dieser überladenen, überkomplexen, zeitfressenden Welt ist Humor der unbeschwert verdauende Ruhepol mit einer starken Sofortwirkung auf unsere Psyche, auf die Kommunikation und damit auf eine Vielzahl von Lebenssituationen.

Humor ist der Schwimmgürtel auf dem Strom des Lebens.

Wilhelm Raabe

Erstaunliche Effekte

Besonders gefragt, da in viele Richtungen nützlich, leider viel zu dünn gesät ist Humor im angespannten Alltag. Dort, wo uns die Menschen immer seltsamer erscheinen: ehrgeizig, aber rücksichtslos, umfassend informiert, dennoch träge, überdreht, jedoch nichtssagend, begütert, aber unzufrieden, ignorant, dabei selbstdarstellerisch, hoch dotiert, trotzdem gierig, sozial gesichert, aber depressiv, oberschlau, nur stocklangweilig. Dort, wo wir uns genervt und verfolgt fühlen von all den Schaumschlägern, Brüllaffen, Blendern, Verpeilern, Verprellern, Überfliegern, Besserwissern, Heuchlern, Egomanen, Schleimern, Dauernörglern, Energiesaugern, Laberbacken und Heißluftpumpen. Gerade dort können wir es uns gar nicht leisten, Humor nur als zufällige Gelegenheit hinzunehmen, abzustempeln und ad acta zu legen, bis er einmal erneut über uns kommen mag, nach dem Motto: Sogar ein blindes Humorhuhn findet irgendwann ein Komikkorn.

Die meisten Menschen sind in Wahrheit nicht so seltsam, wie es den Anschein erweckt, nicht so cool, oberflächlich, egoistisch, rücksichtslos, gierig oder ignorant. Humor ist eine Brücke, über die wir uns selbst und unseren Mitmenschen wieder näherkommen, um genau das zu erkennen.

Längst ist erwiesen, Humor dient nicht bloß dem flüchtigen Spaß und reiner Unterhaltung. Im hektischen Leistungsalltag bewirkt er eine wohltuende und produktive Entspannung, beflügelt die Fantasie, fördert originelle Ideen, verbessert das Lern- und Arbeitsklima, festigt den Teamgeist. Zudem macht Humor Werbung wirksamer, unterstützt den Verkauf, stärkt Partnerschaften, erleichtert die Partnersuche und hilft in der Kinder- und medizinischen Betreuung wie auch in der Altenpflege.

Deshalb kann man es gar nicht genug betonen, möchte es in sämtliche Schulklassen, Hörsäle, Büroetagen, Amtsstuben, Konferenzräume, Verkehrsmittel, Wartezimmer, Krankenzimmer, Behandlungszimmer, Straßen und Hausflure schreien: Unsere Seelen brauchen mehr Humor, sonst gehen sie vor die Hunde!

Humor ist der wärmende Dampf aus dem Druckkessel des Lebens.

Die Meldungen über eine Zunahme psychischer Störungen und psychosomatischer Erkrankungen sind alarmierend. Offenbar glauben noch zu viele Menschen, Humor sei bloß ein Randvergnügen der Freizeit, des Feierabends und der Feierlaune, wenn die Situation stimmt, Harmonie angesagt ist, wir uns richtig wohl fühlen, vielleicht ein Gläschen genehmigen, nette Menschen um uns wissen.

Der Rezensent eines Films hat dazu etwas höchst Bedenkliches geäußert, und zwar im größten deutschen Nachrichtenmagazin. Der Film, um den es ging, hat er allen Ernstes behauptet, könne, anders als vom Verleih mitgeteilt, keine Komödie sein, dafür habe er zu viel mit dem Leben zu tun. Unser Leben, wie bitte, eine Tragödie, so gar nichts von Komödie? Dann könnten wir ja einpacken, sofort, auch das Lesen und Atmen einstellen. Der Mann hat nicht verstanden, dass sich die beste Komik vor allem aus dem täglichen Leben filtern lässt, ganz gleich, wie beschwerlich es sein mag. Man muss den Blick nur schärfen, mit der passenden Einstellung und dem richtigen Wissen etwas daraus machen.

> *Jedes Ding hat drei Seiten, eine positive, eine negative und eine komische.*
>
> *Karl Valentin*

Humor existiert nicht neben dem Leben, er beschreibt das Leben, er lebt vom Leben, Humor ist das Leben. Natürlich bedeutet Leben auch Scheitern. Humor, Witz und Komik repräsentieren aber gerade den Spaß am Scheitern mit einem jeweils kleinen Sieg über die unabänderlichen Zumutungen, hohlen Ansprüche, übertriebenen Zwänge und anstrengenden Normen dieses Lebens. Selbst bei all dem Leid vermag der Mensch dem Leben immer eine komische Seite abzugewinnen, es mit Humor zu nehmen, Witze darüber zu machen. Weder geht es dabei um Frohsinn allein noch um Unsinn, sondern um das, was uns den Ärger, die Konflikte, Ängste und Sorgen beschert, das Glück zerstört, am anderen Geschlecht, an der Welt überhaupt zweifeln lässt: um den typisch menschlichen Zwiespalt.

> *Humor ist der gegenseitige Spaß an der menschlichen Unvollkommenheit.*

Deshalb passt unser Humor am besten dorthin, wo wir täglich konfrontiert sind mit den menschlichen Querelen, dort kann er uns am meisten nützen. Diesen alles durchdringenden menschlichen Zwiespalt behandelt er nämlich im doppelten Sinn: als sein Grundthema zum einen, mit seinen Wirkungen als Schutz und Medizin unserer Psyche zum anderen. Und genau das macht ihn so bestechend, so unschätzbar wertvoll.

Insofern geht es beim Humor nicht selten zur Sache, geht es um unsere dunkle Seite: unsere Laster, Macken und

Missetaten, unsere vertuschten Fehler, geheimen Wünsche, unterdrückten Ängste und peinlichen Nöte, um die üblichen Spannungen zwischen Trieben und Vernunft. Natürlich auch die unserer Nachbarn, Kollegen und Chefs, unserer Schwiegermütter, Lebenspartner, Therapeuten, Freunde und Friseure. Denn davon nährt sich Humor, dagegen hilft Humor, erst darüber können wir verstehen, was Humor ist und wie er funktioniert.

> *Wer den Humor erfunden hat, kann nicht viel zu lachen gehabt haben.*

Humor in seinem Kern ist nicht schlichtweg das Gegenteil von Pathetik, Traurigkeit und Tragik. Humor ist verdrehtes Leid, das wir als Momente glücklicher Erleichterung empfinden. Humor erwächst nicht selten gerade aus Pathetik, Traurigkeit und Tragik, kann sehr gut neben ihnen existieren, sich mit ihnen abwechseln, sie sinnvoll ergänzen, mildern und überwinden.

So vermag Humor Augenblicke des Glücks zu erzeugen. Doch auch wenn im Einzelfall nur flüchtig für jeweils kurze Zeit, können sich viele solcher Momente zu einem größeren Glück summieren, zu einer Stimmung, Situation, Kommunikation und Gemeinschaft. Was übrigens mehr bringt, als ewig und humorlos auf das vermeintlich ganz große Glück zu warten. Und da wir für unser Glück allein zuständig sind, es den Keim des Unglücks in sich trägt, sich schnell wieder aus dem Staub zu machen pflegt, müssen wir es täglich, manchmal stündlich neu erfinden.

Mit Blick auf unseren Seelenzustand gibt es für Zurückhaltung beim Humor im trüben Alltag deshalb keine Entschuldigung: Weder das kleine Pech noch größere Scheitern: Ausreden wie zu wenig Schlaf, der ewige Stau, der ungerechte Strafzettel, weniger Netto vom Brutto, mehr Stress im Job wie auch steigende Mieten und Preise oder fette Rechnungen, grölende Nachbarn, zu wenig Bier, die versaute Frisur, die unpassenden Schuhe und lästige Leute bei miesem Wetter zählen nicht. Ebenso wenig getroffene Fettnäpfchen, gewachsene Fettpölsterchen, der peinliche Politiker oder unsensible Partner – im Gegenteil: All das sind gute Gründe für Humor, sind die Quellen unseres Humors, das ist der Stoff, aus dem Humor gemacht wird.

Humor ist ein die Vernunft überlistendes Zerrspiegelbild verdrängter Wahrheiten über uns selbst.

Von den Krisen dieser Welt, von der teils haarsträubenden Politik, dem kalten Kapitalismus, den Ungerechtigkeiten im Job und dem merkwürdigen Verhalten vieler Menschen sollten wir uns nicht die Stimmung, nicht die seelische und am Ende körperliche Gesundheit beeinträchtigen lassen, nur um als ernsthafte, kreuzbrave, stets korrekte und funktionierende, dafür langweilige graue Maus trotzdem nicht geschätzt, gelobt und besser bezahlt zu werden.

Die Sünden anderer sollten wir nicht ausbaden, wir haben genug eigene. Wir sollten stehen zu unseren Sünden, indem wir sie mit Humor nehmen. Vor den Sünden anderer sollten wir uns zu schützen wissen – am besten geht auch das mit Humor. Das Leben ist zu schnell vorbei, um allein an Wochenenden, zum Feierabend oder an gesetzlichen Feiertagen lustig zu sein, unser Dasein ansonsten mit herabhängenden Mundwinkeln nur zu ertragen.

Das Lachen darf uns ruhig mal vergehen, unser Humor auf keinen Fall. Ohne Humor sind wir zum Gähnen, mit der Zeit anstrengend, erscheinen wir steif, muffelig und suspekt, womöglich kleinkariert, gestelzt oder naiv, verbissen, belehrend, übereifrig und selbstherrlich, manchmal lächerlich und peinlich, kitschig oder pathetisch, unterwürfig, blindgläubig und fanatisch sogar – das will doch wirklich niemand. Deshalb Vorsicht: Selbst wenn Sie es mit Ihrer Ernsthaftigkeit gut meinen, in den Dingen, wie sie heutzutage laufen, keinen Spaß verstehen, wenn Sie mit Ihrer Leidensmiene und Opferhaltung auf Mitgefühl hoffen, hart an Ihrer Karriere, Autorität oder Aura arbeiten, eine seriöse, kompetente und charismatische Ausstrahlung anstreben – Humorlosigkeit ist menschen- und beziehungsgefährdend, auf Dauer Gift für die Seele.

Es gibt nur einen vernünftigen Humor, und der glänzt mit köstlicher Unvernunft.

Missgeschicke und Sünden als Glücksmomente erleben? Verkehrte Welt, Zauberei? Tatsächlich, mit Humor können wir zaubern, Menschen verzaubern. Als aufgeklärte Bürger wissen wir allerdings seit Harry Potter, dass Zaubern gelernt sein will. Doch selbst wenn wir nur zaubern, nur spielen wollen, sollten wir unseren Humor deutlich ernster nehmen, um vom Ernst des Lebens nicht überrollt zu werden. Zum Lachen sein heißt nicht lächerlich sein, Humor ist längst nicht durchweg absurd. Lächerlich machen wir uns allenfalls ohne ihn.

Humor stellt zwar ein kaum zu fassendes Phänomen dar, dennoch ist er eines der ganz großen Themen, ein Mega- wie ein Metathema, das über unzähligen anderen wichtigen Themen steht, sie behandelt, verbindet, erleichtert, bestimmt. Humor ist das nicht selten entscheidende, jedoch leicht zu übersehene und damit oft fehlende Glied in der Kette des Erfolgs. Humor ist das universelle Puzzleteil, das fast überall passt. Humor ist ein Generalschlüssel für die Notausgänge aus verzwickten Situationen.

Zudem ist Humor ein grundlegender Faktor seelischer Gesundheit und menschlicher Gemeinsamkeit. Er baut Ärger, Stress und Ängste ab, überwindet Hemmungen, Fremdheit, Neid und Vorurteile. Über die Psyche und das Lachen kann er Schmerzen und Krankheiten lindern, das Immunsystem stärken. Humor schafft nicht nur eine ungezwungene Atmosphäre, er lässt den Spaß selbst aus Bedrohungen, Ängsten, Missgeschicken, Irrtümern und Zweifeln heraus entstehen.

Humor ist überwundenes Leiden an der Welt.

Jean Paul

Negativer Dauerstress zum Beispiel macht unkonzentriert und vergesslich, wir schlafen und lernen schlechter, verlieren den Überblick, haben weniger Ideen, verzetteln uns, werden ungenießbar, schwächen unser Immunsystem und werden irgendwann krank. Schon indem wir Humor im richtigen Moment konsumieren, öffnen wir unseren Tunnelblick, der ohnehin nur auf Stress auslösende Faktoren fixiert ist, in neue Richtungen, hin zu einer verkleinernden, unwichtigen, entlarvenden und somit wohltuenden Perspektive. Und über den reinen Humorkonsum hinaus ist der eigene aktive Humor die wirksamere und nachhaltigere Betätigung, um die Probleme gezielt von unserer Seele weg in eine unschädliche Entfernung zu schieben oder sie zu verarbeiten. Betreffen kann das den Aktenberg, den Gehaltszettel, den ungerechten Chef, den Straßenverkehr oder nervenden Nachbarn.

Die Fantasie tröstet die Menschen über das hinweg, was sie nicht sein können, der Humor über das, was sie tatsächlich sind.

Albert Camus

Ob Angsthase, Tollpatsch oder Draufgänger – mit Humor kann sich jeder viel beherzter auf das Leben einlassen, auf Menschen zugehen, Neues und Riskantes wagen und dabei ruhig auf die Nase fallen. Denn wirklich blamieren werden wir uns erst dann, wenn wir keinen Humor zeigen. Spielerisch und gelassen stehen wir mit Humor zu unseren Schwächen und verwandeln sie dadurch in Stärke. Humor leugnet und heuchelt nicht, verdrängt und unterdrückt nicht – im Gegenteil: Humor verarbeitet, wie es Gespräche, Träume und Therapien tun. Manch einer schreibt sich seinen Frust, seine seelischen Verletzungen in Form von Briefen, Geschichten, Tagebüchern oder eines Romans von der Seele. Das ist der Versuch, in dem unbegreiflichen Chaos ein wenig sachliche und emotionale Logik, ein System entstehen zu lassen, Menschen zu begreifen.

Menschen kann man aber längst nicht immer verstehen, bei aller Fähigkeit zur Vernunft handeln sie oft irrational bis gnadenlos. Wer schon einmal Opfer einer Intrige geworden ist, von seinem geliebten Partner betrogen, im Job systematisch gemobbt, wer überfallen, beraubt oder finanziell abgezockt wurde, wird vielleicht irgendwann verzeihen können. Das Unverständnis und mulmige Gefühl wird man jedoch nie ganz los, mit keinem Gespräch, keiner Therapie, keiner selbst geschriebenen Geschichte. Tagebucheinträge, sofern sie Schicksalsschläge, Kränkungen oder Versäumnisse anderer betreffen, stehen uns, solange wir sie uns von Zeit zu Zeit wieder vor Augen führen, seelisch sogar im Weg. Sie verlängern und verfestigen den Schmerz und Ärger über andere, anstatt die Erinnerung auf natürliche Weise verblassen zu lassen und damit der Welt, den Menschen und uns selbst wieder eine Chance zu geben.

„Meine Freundin meint, ich sei zu neugierig.“ „Wie kommt sie darauf?” „Keine Ahnung, ich hab das nur in ihrem Tagebuch gelesen.“

Humor verfolgt hier eine andere, kurzfristig wirksamere Strategie: Mit seiner eigenen Logik und ungewohnten Perspektive bremst er die Endlosschleife unserer Zweifel und Grübeleien, baut dadurch Stresshormone ab, stärkt unser Selbstwertgefühl. Er zeigt uns, dass es für die Welt, für alle Menschen typisch ist, unlogisch, ungenau, schwach, geistig träge, erfolglos, überheblich, unehrlich, verletzend und eitel zu sein. So fühlen wir uns weniger als bemitleidenswertes Zentrum des Universums, erkennen hinter dem Kleinen im Humor wieder mehr das große Ganze, sehen im anderen einen unvollkommenen Menschen, dem es ähnlich geht wie uns. Das mildert und verkürzt die Phasen der Verzweiflung und der Wut, des Unterdrückens, der Traurigkeit und Trauer. Mit Humor fühlen wir uns ausgeglichen, entspannt, verstanden, mit unseren Problemen weniger allein gelassen, ganz gleich, ob wir uns über fremden Humor amüsieren oder gerade nicht lachen können, dafür aber eigenen Witz und Humor für andere übrig haben.

Humor ist der Triumph einer bunten, verspielten Fantasie über die graue Macht enger Gewohnheit.

Mit Hilfe des aktiven Humors setzen wir uns gezielt und intensiver mit der leidvollen Erfahrung auseinander, verwerten sie zu unseren Gunsten und entschärfen, verkleinern, verbrauchen sie schließlich. So bleiben wir in der Balance, bleiben bei uns, in der richtigen Distanz, nach innen wie nach außen stark, geistig auf Trab, emotional auf dem Teppich und verhindern, andere zu langweilen und zu nerven oder selbst zu erstarren in unserem Schmerz, in kalter Routine, Ignoranz und Verbissenheit.

Scherz statt Schmerz: Humor weckt in uns das unbeschwerte Kind, streichelt das wilde Tier, bedient das Triebhafte und Anarchische, ohne dass etwas peinlich oder gefährlich für uns und für andere wird.

Humor ist der Knopf, der verhindert, dass uns der Kragen platzt.

Joachim Ringelnatz

Und mal abgesehen davon, dass wir vermutlich mehr Karrierechancen haben, wenn wir über die Witze des Chefs nett lachen, und dass wir in einer Gruppe besser ankommen, wenn wir deren Humor teilen: Mit unserem aktiven Humor können wir Menschen und Situationen zugunsten unseres Erfolgs gezielt beeinflussen. In einem Vorstellungsgespräch zum Beispiel kommt es zunächst darauf an zu demonstrieren, dass wir für den Job die nötigen Kenntnisse, Fähigkeiten und Erfahrungen mitbringen. Auch Geschäftskontakte sind in vielen Fällen von Vorteil. Letztlich entscheidend aber ist, dass wir sympathisch wirken, ins Unternehmen und ins Team passen, Lust und Leidenschaft, Gelassenheit und Selbstsicherheit ausstrahlen. Dem wird ein flapsiges oder überspanntes, überambitioniertes Gehabe und Dauergerede ebenso wenig gerecht wie übertriebene Bescheidenheit, unterwürfige Gebärden, eine allzu wichtigtuerische Miene, ein Betroffenheitsgesicht, Mauerblümchengetue oder das Erzählen von Witzen. Aber in vielen Fällen wird eine Entscheidung zugunsten desjenigen Kandidaten ausfallen, der gerade in einer derart gezwungenen Situation wie dem Vorstellungsgespräch ein gewisses Maß an Lockerheit und Humor beweist. Dadurch wirkt er aufgeschlossen, unverkrampft, kommunikativ, originell, souverän und freundlich, zeigt soziale und emotionale Kompetenz.

> *Beim Vorstellungsgespräch: „Sie wollen 10.000 Euro im Monat verdienen, ohne jede Erfahrung?“ Darauf der Bewerber: „Na sicher, die Arbeit ist doch viel anstrengender, wenn man keine Ahnung hat.“*

Es gibt Studien und Statistiken darüber, dass gut aussehende Menschen im Unterschied zu weniger vorteilhaft erscheinenden im Durchschnitt ein höheres Einkommen erzielen. Über das rein Äußere hinaus dürfte zum einen offensichtlich sein, dass die Attraktivität der gesamten Persönlichkeit, was Humor einschließt, das Einkommen weiter erhöht, solange der Spaßvogel behutsam vorgeht, seinen Humor geschickt platziert. Zum anderen bedarf es keiner Studie, um zu erkennen, dass sich viele Menschen mit ihrem Witz und Humor in entscheidenden Situationen, in denen Humor angebracht, regelrecht gefragt ist, tatsächlich besonders beliebt zu machen verstehen und damit erfolgreicher sind.

Heiterkeit ist der Himmel, unter dem alles gedeiht.

Jean Paul

Denken Sie an diverse Komiker, Kabarettisten und Comedians, wie Sie uns begeistern können trotz eines eventuell unvorteilhaften Äußeren, einer ansonsten seltsamen Persönlichkeit, nervender Macken oder ihres melancholischen Wesens. Auch können Personen durch ihren Humor gewinnen, die uns als schillernd, ungeliebt, nichtssagend oder bedrohlich erscheinen wie Literaturkritiker, Zahnärzte, Gefängniswärter, Mafiabosse, Vermögensberater, Versicherungsvertreter, Türsteher, Busfahrer, Taxifahrer, Handwerker, Proktologen oder Bundeskanzlerinnen. Selbst Lehrer können durch Humor souveräner und sympathischer wirken.

Das rührt daher, dass Humor Mängel überdeckt, kompensiert, Menschen förmlich blendet, manipuliert. Die unverhoffte Konfrontation mit Humor durchkreuzt im jeweiligen Moment die rationale Wahrnehmung, die analytischen und logischen Denkprozesse, schwächt den kritischen Scharfblick, das Urteilsvermögen. So können wir uns durch die Hintertür des Lustzentrums im Gehirn unseres Gegenübers ins rechte Licht rücken, Zustimmung und Gunst bewirken, ungeachtet einiger Defizite vielleicht doch noch den Traumjob oder die Traumwohnung ergattern. Zumindest können wir leichter Kontakte knüpfen, Zuhörer, Sympathisanten, Freunde und einen Partner finden und mit dem dann länger glücklich sein.

Risiken und Nebenwirkungen

Unser Humor ist kein Allheilmittel, bewirkt aber, wie gesehen, Erstaunliches, da wir die Mehrzahl unserer Glücksmomente im Umgang mit Menschen finden. Ob die Chemie oder Wellenlänge dauerhaft stimmen, ist zweitrangig: Zunächst genügt ein Funke: etwa in Form von Aufmerksamkeit und Zuwendung, Kommunikation, Verständnis, eines Lächelns. Mit unserem Humor vereinen wir all das miteinander und fügen etwas Bedeutendes hinzu: Indem wir Fantasie und Kreativität beweisen, für Anregung, Begeisterung und Überraschung sorgen, versprühen wir nicht allein Funken, sondern ein ganzes Feuerwerk.

Die meisten Menschen brauchen ihr regelmäßiges Quantum Humor, selbst wenn sie es nicht kriegen, nicht danach aussehen oder gar nichts davon wissen. Andere wiederum können nicht genug bekommen, helfen kräftig nach. Die geeignete Menge variiert von Typ zu Typ; bekanntlich hat ein jeder seine Vorlieben und Grenzen, macht die Dosis das Gift, hilft viel nicht immer viel. Deshalb verträgt nicht jeder gleich Humorfeuerwerke am laufenden Band. Worin besteht aber das richtige Maß, wo verbergen sich Risiken und Nebenwirkungen, die unserem gutgemeinten Humorversuch jede Chance nehmen, ihn von vornherein gegen die Wand fahren lassen?

Nicht allein die Dosis macht das Gift

Wer hat das nicht schon erlebt? Sobald wir mit unserem Witz und Humor eine gewisse Portion und Häufigkeit überschreiten, setzen wir uns der Gefahr aus, als Kasper, alberne Laberbacke oder unsensible Nervensäge abgestempelt zu werden. Auch möchte niemand als Pausenclown, wandelndes Witzearchiv oder kalauernder Dauerdepp vom Dienst verschrien sein. Nicht nur, dass ungeschickte Humorversuche ins Leere verpuffen, zuweilen werden sie missverstanden oder als unpassend und peinlich, chauvinistisch, sexistisch, rassistisch empfunden.

Schlimmer noch als Humorlosigkeit ist diese aufgesetzte Pseudowitzigkeit, gepaart mit dem ständig eigenen unbegründeten Lachen – abschreckend zu studieren an einschlägigen Sitcoms und extrovertierten Menschen mit übersteuertem Gute-Laune-Syndrom.

> *Um nicht komisch zu werden, sollten wir den Wahnwitz des Lebens nicht als schlechten Scherz missverstehen, sondern als wertvollen Rohstoff unseres Humors zu nutzen wissen.*

Längst nicht jeder Humor muss trocken sein, man sollte als Komiker und Humorist schon Heiterkeit zeigen und lachen, sich dabei nur genauso selbst zur Zielscheibe seines Humors machen können. Dieses Gackern über jeden der eigenen Sprüche wirkt auf Dauer penetrant, egozentrisch, eitel, affektiert. Lachen kann anstecken, anderen aber auch im Halse steckenbleiben. Solange Sie sich hingegen verbal oder pantomimisch dezent auf die Schippe zu nehmen verstehen, selbst mal dumm dastehen, ist die Gefahr gering, an Zuspruch und Ansehen zu verlieren.

> *Humor ist auf den vollkommenen Punkt verdichtete menschliche Unvollkommenheit.*

Raum für gewinnenden Humor kommt dann zustande, wenn wir das Leben, die Themen und die Menschen ernst nehmen, uns selbst nicht unbedingt, wenn wir authentisch sind, uns zurücknehmen, den richtigen Moment abwarten können.

Wer sie länger kennt, die NDR-Talkshow, kann das

Folgende vielleicht nachvollziehen: Früher, besonders in den Achtzigerjahren, wurden Themen oft mit dem Maßstab eines glänzenden, intellektuellen Esprits von charismatischen Gästen, mitunter richtig schrägen Vögeln, die noch einiges zu sagen hatten, wenn auch oft mit Zigarette in der Hand, ernsthaft und hochkonzentriert etwas tiefschürfender abgehandelt. Ganz nebenbei sind daraus brillante Pointen entstanden, die einen hellauf begeistern konnten.

Heutzutage sitzen da die immer selben selbstverliebten Fernsehkochgesichter, halbbekannten Fernsehdarsteller sowie sonstigen Promis als Neuautoren im Auftrag der Verlage, um für ihr Buch zu trommeln. Dazu wird viel gegessen und getrunken, über Essen und Trinken und Hunde und Sex geredet. Wobei die Moderatoren sich mit ihren Gästen oft wie Bolle amüsieren, wesentlich mehr als das Publikum und die Zuschauer in ihrer Randrolle imstande sind. Denn in dem erlauchten, geschlossenen Kreis wird viel durcheinandergeplappert, geschnattert, miteinander geblödelt und gegackert nach dem Motto: Irgendwann steckt unsere gute Laune sicher auch die Zuschauer an. Nur bleibt da einiges auf der Strecke, geht im Jubel unter: bestimmte Bemerkungen, ein Zusammenhang, Anspruch und Sinn sowie leider eben auch Humor, Witz und Komik für die nicht ganz unwichtigen Außenstehenden. Immerhin scheint das manchmal einen der Moderatoren, der sich offenbar mehr Übersichtlichkeit und gesitteten Tiefgang wünscht, zu stören.

Nun ist es längst nicht erklärtes Ziel, mit einem solchen Format durchweg Humor, Witz und Komik abzuliefern, dennoch kann man es nicht oft genug betonen an die Adresse nervender Zeitgenossen: Humor ist etwas anderes als bumsfidele Beschwingtheit, frohgelaunter Übermut, grinsende Selbstdarstellung oder hemmungsloses Gelächter.

Frühstücken Sie deshalb nicht allmorgendlich gleich mehrere Clowns, ertränken Sie Ihre Mitmenschen nicht in

Fröhlichkeitsergüssen, nicht in Pfeif-, Summ- und La-la-la-Gesangseinlagen, wenn Sie Höheres, sprich Humor im Sinn haben. Humor ist eine heikle Angelegenheit von Zurückhaltung, Ernsthaftigkeit, genauer Beobachtung, Einfühlungsvermögen und Mut, von Versuch und Irrtum, Geschick und Übung und vor allem: Ausdrucksvermögen, Stil und Timing. Wie schnell liegen wir daneben, und wer möchte sich gern zum Affen machen? Wer auf Dauer nicht ernstgenommen werden kann, dem nimmt man auch den Humor nicht ab. Neben der gebotenen Aufrichtigkeit, geeigneten Dosis und dem passenden Augenblick braucht Humor darüber hinaus einen konkreten Anlass, einen Aufhänger aus dem realen, typisch menschlichen Leben. Dazu später mehr.

Wer versteht schon andauernd Spaß?

Hinter fast jeder Ecke lauern neue Aufreger und kleine Grausamkeiten des Lebens. Bei Ungerechtigkeiten etwa vergeht einem sofort jegliche Heiterkeit, und genetisch bedingt sehen wir das Leben ohnehin erst durch die Brille der Zweifel und Tragik, nicht der Freude und Komik. Deshalb kommt es am Ende zwar darauf an, bewusst gegenzusteuern, nur bringt der beste Humorversuch nichts, solange unser Adressat seine seelische Ungerechtigkeitskrise durchmacht.

Solche inneren Stimmungstiefs müssen nicht lange dauern, wir erleben sie aber fast täglich regelmäßig: im Job, im Straßenverkehr, unter Freunden, in der Familie, in der Partnerschaft. Temporär sind wir empört, verstört, verletzt, für Humor ist dann kein Platz: Sobald man zum Beispiel erfährt, dass der etwas arbeitsscheue, dummschwätzende Kollege deutlich mehr verdient und für höhere Posten als geeignet angesehen wird, nur weil der Chef, weshalb auch immer, eng und vertraut mit ihm ist, sprudelt einem die Galle über. Wenn dieser Kollege zudem gerade darüber seine Witze macht, kommt dies einer

Kriegserklärung gleich mit Vernichtung obendrein unseres kompletten Humorpotenzials im Hintergrund.

So geschehen einst, als ich mit meiner Freundin zusammen in größter Eile, da wir für das Konzert zu spät dran waren, nach schweißtreibender Suche ordnungsgemäß den Blinker zum rückwärts Einparken gesetzt hatte und sofort darauf ein Sportwagen dröhnend angebraust kam, um direkt vorwärts in die Lücke zu schießen. Aus der schludrig eingeparkten Karre kletterte ein Goldkettchen behangener Schickimicki-Bubi und rief, er hätte eine gute Nachricht für uns. Gut zwar eigentlich für ihn, nur ob wir uns denn nicht mitfreuen könnten.

Ich dachte: Klar, wieso nicht, wenn er Vater geworden ist? Ich wollte mich schon nachgiebig zeigen, als er süffisant grinsend verkündete, er hätte heute unglaubliches Glück gehabt, und wir könnten ihm gratulieren. Ein Lottogewinn vielleicht, der Jackpot womöglich? Unsere Augen wurden größer und größer und erstarrten schließlich, als er das Geheimnis endlich lüftete: Er habe, ohne suchen zu müssen, auf der Stelle hier einen Parkplatz gefunden, und dass wir das doch genauso schaffen müssten.

Wir waren geplättet, gelähmt, konnte nicht reagieren, nichts sagen, wussten nicht, was schlimmer wog: der verlorene Parkplatz samt Zuspätkommen zum Konzert oder dieser hässliche, hämische Kommentar im unpassendsten aller Momente. Ich hätte schreien können, foltern, morden – aber Humor, witzige Schlagfertigkeit? Fehlanzeige. Mein Humor war hier am Ende, bevor er überhaupt in Aktion treten konnte, war am Boden zerstört.

Ähnlich können kleinere Unhöflichkeiten und Nörgeleien, Verdächtigungen, Belehrungen wie auch Ängste und Sorgen, aufgeflogenen Fehler, Lügen und Versäumnisse die Empfänglichkeit der Menschen für Witz und Humor beeinträchtigen. Überlegen sollten wir übrigens, welchen Anteil wir selbst daran haben. Denn passieren kann das leicht: wenn wir uns sauwohl fühlen, übermütig agieren, andere necken, zurechtweisen, bloßstellen, belehren und uns dann wundern, dass niemand über unsere Scherze lachen kann – ein Thema vieler häuslicher Beziehungen. Geht es darüber hinaus an die Gesundheit, das Geld, den Job, die Habseligkeiten unseres Humoradressaten, verliert jemand einen Freund, Angehörigen oder Partner, herrscht in Sachen Humor ohnehin komplette Funkstille.

> *Wer wenig zu lachen hat, dem bieten sich gute Gründe für Humor.*

Auch wenn sich solche Unpässlichkeiten bei späterem erneuten Hinsehen als brauchbaren Stoff für Humor verwerten lassen, sollten wir vorerst mit Instinkt und Augenmaß darauf achten, nicht zur Unzeit zu kommen, nicht voreilig Humor-Öl ins Alltagsfeuer zu gießen. Menschen sind oft nicht ganz da und schnell wieder weg, sind in Eile, im Stress, nur mit einem Ohr bei der Sache, sind verletzlich, nehmen leicht etwas persönlich, fühlen sich ausgegrenzt, geraten in wechselnde Gemütszustände, können längst nicht immer die gebotene Unbeschwertheit und Zuversicht aufbringen.

Wer kennt das nicht aus der Beziehung, wenn die Stimmung des einen nicht kompatibel zu der des anderen ist, es am Ende Grundsatzdebatten, Knatsch und knallende Türen gibt, obwohl der Anlass eigentlich als Scherz gedacht war. Solange jemand etwas als ernsthaftes Problem empfindet, sich missverstanden, angegriffen oder getäuscht fühlt und damit nicht zurechtkommt, ist der Humor des anderen ganz gut imstande, die Sache noch zu verschlimmern.

> *„Kannst Du nicht endlich mal den Wasserhahn reparieren?" „Das mach ich gleich morgen." „Morgen, morgen, alles willst du morgen machen!" „Stimmt, das schaff ich eh nicht. Ich mach's nächste Woche."*

Menschen sind überhaupt seltsam, nicht zu begreifen: mal frohgelaunt, übermütig und zu allen Schandtaten bereit, das andere Mal knallhart und rücksichtslos und dann plötzlich empfindlich wie rohe Eier. Bei bestimmten Themen verstehen sie keinen Spaß, sehen sich nicht ernst genommen, nicht respektiert, fühlen sich in ihren Prinzipien, Werten, Rollen und guten Absichten verletzt. Das betrifft Ideen und Anschauungen, Lebensweisen, Stile, Vorlieben, Vorhaben und besondere Personen. Die Palette der sensiblen Motive reicht da von Göttern, Religionen, Ideologien und Propheten über Fußballclubs und politische Parteien bis hin zu Teenie-Idolen und ernsthaften literarischen Ansprüchen.

Wer in einer Runde brünetter Frauenbeauftragter eine Zote mit blonden Protagonistinnen zum Besten gibt, sollte sich über verständnislose Blicke nicht wundern. Und dass eingefleischte Veganer womöglich nicht über blutwurstige Veganer-Witze lachen, muss einem klar sein. Während ältere Mitbürger den Namen Justin Bieber gar nicht erst kennen, kringeln sich jüngere Eingeweihte über einen flotten Spruch auf dessen Kosten mitunter vor Lachen. Völlig anders wiederum die unsterblich schwärmende Fangemeinde: Sie duldet nicht den Hauch eines Spotts gegen ihren zarten Halbgott, ganz gleich, mit welchem Skandälchen er sich wieder interessant zu machen versuchte. Im glimpflichsten Fall bestraft sie den Spötter wegen persönlich tiefster Betroffenheit durch augenblicklichen Abbruch ihrer Gefolgschaft in sozialen Netzwerken.

Ähnlich anfällig für empörte Humorlosigkeit, solange es um Scherze auf Kosten ihrer Berufsgruppe geht, dürften Lehrer, Politessen, Politiker, Taxifahrer, Zahnärzte, Psychologen oder Türsteher sein. Inwieweit Beamte über Beamtenwitze lachen können, ist nicht überliefert, schließlich ist jeder Beamte einmalig und vollkommen harmlos, da er nichts tut und sowieso stets der andere der Depp ist.

„Eine Studie hat ergeben, dass Dämmerlicht im Büro kreativ macht" „Ach darum nennen Beamte ihren Büroschlaf Kreativpause."

Bestimmte Ziele, Themen und Ideen sind oft nur Phasen im Leben oder zeitgeistabhängig und daher nicht beständig. Doch sollten wir hier ebenfalls sensibel vorgehen, erst recht, solange unser Humor darauf abzielt. Wer seinen Lebensstil an bestimmten Trends ausrichtet, sich überdies persönlich unermüdlich engagiert, sein Leben womöglich gerade umkrempelt, zeigt gern mal übersensible Ernsthaftigkeit. Das könnte passieren, wenn ein Kind kommt oder, sobald der Nachwuchs groß und wieder aus dem Haus ist, man anfängt, sich kreativ zu betätigen, das Malen, Töpfern, Gärtnern, Schreiben, Fotografieren oder Klavierspielen hingebungsvoll für sich entdeckt. Oder wenn man aufs Land zieht, auf Freizeitbauer macht, sich spirituell erleuchtet einer Meditationsgruppe anschließt, seine Religiosität erkennt, sich als Wutbürger engagiert, in New York den Marathon zu laufen, im Himalaya einen Achttausender zu besteigen oder komplett auszuwandern gedenkt. Manch einer muss wieder zurück, die Eltern pflegen, sich einer Schönheits-OP unterziehen, sein Leben rücksichtslos auf Achtsamkeit und Nachhaltigkeit ausrichten. Und falls sich jemand vorübergehend nicht ganz freiwillig verändert, ist der Spaß sowieso erst mal gebremst:

Der Mandant erkundigt sich bei seinem Verteidiger, wie lange die Angelegenheit denn dauern werde. Sagt der Anwalt: „Für mich ungefähr 4 Stunden, für sie vermutlich 4 Jahre."

Der Draht zum Humorempfänger

Selbst wenn die Ampel der grundlegenden persönlichen Lage unseres Humorkonsumenten auf Grün steht, er sein Leben nicht dabei ist, auf den Kopf zu stellen, es im Griff hat, nicht zu ernst nimmt, ist als weiterer Schritt vor unserem Humorversuch zu empfehlen, die momentane Situation abzuklopfen. Dazu sollten wir möglichst ihren Geist erfühlen, uns fragen, ob wir in etwa auf gleicher Wellenlänge senden, wie unser Humorempfänger gerade drauf ist, und nicht an der falschen Stelle ungeschickt dazwischenfunken.

Klingt kompliziert, deshalb sollte niemand behaupten, Humor sei nur Freude, nur Zuckerschlecken, eine leichte Übung. Bevor Sie erfahren, wie Humor genau funktioniert, sollten Sie ungefähr wissen, wann, wo und bei wem dieser Spaß denn klappen könnte.

Eine gewisse Alkoholisierung unseres Adressaten liefert dafür regelmäßig bestimmt die besten Resultate. Bloß wer kann schon die zu belustigenden Leute jedes Mal zuvor mit geistigen Getränken beschenken? Unser Humor soll kostenlos, wenn auch nicht umsonst sein, soll in allen möglichen und unmöglichen Situationen vor allem des Alltags stattfinden, also längst nicht nur in geselligen, feuchtfröhlichen Runden, von denen es ohnehin heutzutage nicht mehr viele gibt..

> *Fragt der Polizist: „Haben Sie Restalkohol?“ Darauf der Autofahrer: „Wie viele Flaschen brauchen Sie denn?“*

Helfen kann dem Humor ebenso die gewohnte Erwartung, da kommt jemand, den wir kennen, sympathisch, sogar lustig finden, der uns gleich zum Lachen bringen wird: Im Freundeskreis zum Beispiel, unter Kollegen, in der Familie oder beim Auftritt des beliebten Komikers. Etwas ungerecht ist es aber schon: Während sich andere mit beinahe genialen Gags schweißtreibend abstrampeln, und niemand eine Miene verzieht, ernten anerkannte Spaßvögel bereits bei den ersten komischen Blicken, seltsamen Tönen oder ungelenken Bewegungen gellende Lacher. Sollte das bei Ihnen der Fall sein, haben Sie es wohl geschafft, mit Ihrem

Humor keine Sorgen – könnte man glauben: Doch wollen Sie sich bestimmt nicht komplett über Humor definieren, nie wissend, ob andere ehrlich über sie lachen oder sich lustig machen. Die Grenze zur unfreiwilligen Komik wäre fließend, könnte Sie verunsichern. Vielleicht denken Sie gerade an gewisse Komiker, Comedians oder andere schräge Vögel, deren Anblick bereits Heiterkeit auslöst, manchmal eine herablassende, und dann stehen diese Typen am Ende für nichts anderes als schrilles Outfit, Klamauk und Blödelei. Im geschäftigen Alltag kann sich das natürlich niemand leisten.

Unseren Humor sollten wir also nicht zwanghaft übersteuert vor uns hertragen, stattdessen als gelegentlich würzende Beigabe, als Reservetrumpf auf Lager abrufbereit haben. Und solange wir nicht diesen Promille- und Imagevorteil genießen, sollten wir genauer hinsehen, erst mal versuchen, eine Beziehung zu unserem Humorempfänger aufzubauen. Humor hat zwar ungeahnte Wirkungen, ein riesiges Potenzial, kann aus eigener Kraft die Menschen verbinden, und man wird Sie lieben dafür. Aber unvermittelt aus dem Kalten heraus auf den deutschen Durchschnittsbürger abgeschossen, kann Humor leicht nach hinten losgehen.

Vielleicht erinnern Sie sich an das Interview einer Verteidigungsministerin im Jahr 2014 mit einer bekannten Wochenzeitung: Inmitten des Ukraine-Konflikts und Streits der deutschen Politik um Waffenlieferungen an die Kurden im Irak hat sie gesagt: Wo auch immer gespielt werde: Deutschland schicke schießendes Personal. Gemeint hatte sie witziger Weise unsere Fußballnationalmannschaft mit Blick auf die umstrittenen Austragungsorte künftiger Weltmeisterschaften Russland und Katar. Nur der Zusammenhang war etwas ungeschickt gewählt; führende Politiker der SPD und Linken mussten sich deshalb gleich aufregen.

Jedem kann das passieren, ist nicht tragisch; unsere Volksvertreter sollten genauso an anderen Tagen als dem politischen Aschermittwoch lustig sein und dabei scheitern dürfen. Der missglückte Scherz der Ministerin ist für uns aber ein anschauliches Beispiel dessen, worum es hier geht: Die Barriere zwischen dem Humoristen und seinem Adressaten, die entweder erst gar nicht da ist, die es geschickt zu überwinden gilt oder die, wenn das unmöglich erscheint, einfach mal Zurückhaltung gebietet in Sachen Humor. Im vorliegenden Beispiel war die Barriere geprägt von der explosiven politischen Lage, den Ängsten der Menschen vor einem Krieg, den wirtschaftlichen Folgen der Sanktionen für Europa, dem Leid der Leute in den Konfliktregionen und der umstrittenen Rolle Russlands und Katars dabei. All das hat die Umstände, den momentan vorherrschenden Geist bestimmt und sind ureigene Angelegenheiten einer Verteidigungsministerin. Daher haben genau diese Themen das Interview dominiert.

Zudem war die Verteidigungsministerin bis dahin nicht gerade bekannt für witzige Bemerkungen, eher umstritten in der Bevölkerung, unter Kollegen als Karrieristin mit seltsamen Fototerminen und Kanzlerinambitionen nicht durchweg beliebt. Das heißt: der flapsige Satz kam zur Unzeit in einem falschen Umfeld, im falschen Zusammenhang von der falschen Person für eine falsche Zielgruppe – alles falsch: Humor futsch. Hätte sie den flotten Spruch im Kreise einer vertrauten, feuchtfröhlichen Runde mit wohlgesinnten Freunden abgelassen, wären Lacher womöglich nicht aufzuhalten gewesen.

Dazu ein anderes Beispiel: Als ich einmal unbedacht süffisant breitbeinig, halb liegend vor einer Studienkollegin posierte, kommentierte sie den machohaften Anblick mit der Bemerkung, ich wirke wie ein Kleinkind, das gewindelt werden möchte. Rums, das hat gesessen, ein bisschen wehgetan, die Lacher hatte sie auf ihrer Seite, die Leute waren begeistert – böser Humor, aber gelungen. Worin besteht der Unterschied? Bereits die Gesamtsituation war ungezwungen, wir kannten uns, waren am Blödeln.

Zwischen Humoristin und Adressaten, also dem Publikum, fehlte besagte Barriere, man hatte einen Draht zueinander.

Dieser Draht muss nicht generell bedeuten, dass man sich besser kennt, sich vertraut, liebt, verehrt oder eine ausgelassene Stimmung herrscht, gescherzt und gelacht wurde. Der Humoradressat muss nur einigermaßen offen sein für unseren Humor, darf ihn nicht völlig ausschließen, ihn nicht befürchten, muss ihn uns zutrauen. Humor ist eine Gratwanderung zwischen Erwartung und Überraschung: einer Erwartung, dass er kommt oder möglich wäre und der Überraschung, dass er einerseits in der jeweiligen Situation so gut passt, aber gleichzeitig keiner der üblichen Vermutungen entspricht.

Männlicher Humor

Immerhin zeigt das Beispiel der Verteidigungsministerin, dass Frauen sogar in der gehobenen politischen Öffentlichkeit nicht mehr nur über Männerhumor lachen, sondern selbst aktiv werden, obgleich in dem vorliegenden Fall eine Menge Risiken und Nebenwirkungen missachtet wurden. Da weiblicher Humor in der Regel zurückhaltender, lebensnäher und situationsbezogen stattfindet und niemanden diskriminieren will, ist er eigentlich kompatibler, zeitgemäßer. Beim männlichen Humor ist das längst nicht so, ziemlich speziell kann er ausfallen, ausfallend werden. Erst recht, soweit er mit äußerlichen Attributen der Frauen zu tun hat, wie man an dem aufgebauschten Dirndl-Fall eines ehemaligen Spitzenpolitikers der FDP erleben musste.

Auch wenn Frauen es meist nicht zeigen, brav zuhören, lächeln oder höflich kichern, nicht die Spielverderberin sein wollen, fühlen sie sich mit dem typisch männlichen Humor zuweilen unwohl, auf dem falschen Fuß erwischt, innerlich verkrampft, verunsichert, peinlich berührt, plump angemacht, unter Niveau behandelt, in ihren Werten und

Ansprüchen verletzt, vor allem, soweit es um gedankenlose, derbe Blödelei und billige Großtuerei geht, um sexuelle Themen und sexistische Anspielungen. Dann fragen sich Frauen zwar, ob Männer nichts merken, ihrer triebhaften Natur folgend bloß ungewandt agieren oder die herabsetzende Macht für ihr angekratztes Ego tatsächlich brauchen. Trotzdem bleiben Frauen zunächst höflich und nett, anstatt gleich die kalte Schulter zu zeigen oder – viel besser – souverän mit Humor zu kontern.

Ein Vertreter klingelt an der Tür. Fritzchen öffnet, im Mund eine dicke Zigarre, in der Hand ein Glas Whisky. Irritiert fragt der Vertreter: „Sind deine Eltern da?" Grinst Fritzchen und sagt: „Sieht das etwa so aus?"

Insofern sollte gerade der Mann, bevor er die augenblickliche Befindlichkeit seines weiblichen Publikums berücksichtigt, erst einmal die Art seines Humors hinterfragen, ob sie dem weiblichen Geschmack halbwegs genügt. Für einen wirklichen Anklang männlichen Humors bei Frauen müssen Atmosphäre, Stimmung und Thema besonders passen, ein Bezug zur Realität und momentanen Situation erkennbar, eine gewisse Gegensympathie oder ein sonstiger Draht vorhanden sein. Zum Humor der Geschlechter und seiner Rolle in der Partnerschaft und Geschlechterbeziehung werden Sie hier später einiges mehr lesen.

Ein Mann sitzt traurig an der Bar. Nach einer Weile fragt der Barmixer, was ihn beschäftigt. „Meine Frau hat gesagt, sie würde einen Monat lang kein Wort mit mir reden." „Wie schrecklich." „Ja, der Monat ist heute rum."

Humor verträgt sich nicht mit Macht

Das Beispiel der gut gelaunten Verteidigungsministerin zeigt aber noch etwas: Der Draht zum Adressaten unseres Humors kann nicht dadurch ersetzt werden, dass wir eine höhere Stellung innehaben, privilegiert sind, kraft unserer Funktion, unseres Amts, unserer Macht auch beim Humor einen Vorteil genießen. Man sieht das mitunter an Vorgesetzten – leider wieder oft an männlichen, wenn sie glauben, sich mit ihrem aufdringlichen Lachen, ihren faulen Witzen oder grenzwertigen Scherzen nicht nur über die bescheidene Stimmung, ausgelieferte Stellung oder prekäre Lage ihrer Untergebenen hinwegsetzen zu können, sondern nicht mal auf Augenhöhe dabei agieren zu müssen. Und von Scherzen direkt auf Kosten der Untergebenen sei an dieser Stelle gar nicht die Rede.

Chef zum Mitarbeiter: „Ich hoffe, Sie fragen mich bald nach einer Gehaltserhöhung. Ich habe nämlich die ganze Woche noch nicht gelacht."

Achten Sie einmal darauf: Wenn mehrere Chefs in lockerer Atmosphäre bei Anwesenheit Untergebener anfangen lustig zu sein, kann einem manchmal das kalte Grausen kommen, fühlen sich allein die Chefs damit wohl: Weil sie sich produzieren, gegenseitig übertreffen, brillieren dürfen. Und weil sie obendrein ein folgsames, vermeintlich dankbares Publikum gleich dazuhaben, dem sie sich kraft ihrer Stellung von vornherein überlegen fühlen, selbst wenn es sich in Wahrheit genervt, genötigt, schräg angemacht fühlt. Und trotzdem werden manche männliche Führungskräfte zu wahren Gockeln, die glauben, den Humor für sich gepachtet zu haben und vor versammelter Mannschaft zuweilen Anstoß an jenen Mitarbeitern nehmen, die das ungeschriebene Gesetz nicht befolgen, sich über den Humor des Vorgesetzten wenigstens scheinbar zu amüsieren.

Der Chef erzählt einen Witz, alle Mitarbeiter lachen, nur der Buchhalter nicht. Eine Kollegin stößt ihn empört an: „Haben Sie gar keinen Humor?" „Doch natürlich, aber ich habe gestern gekündigt."

Ich kannte einen Vorgesetzten, der war dermaßen in seinen Humor verliebt, dass er nicht bemerkte, wie er seinen Mitarbeitern gegenüber anmaßend und verletzend wurde. Aufgrund mehrerer Beschwerden musste er sich zum Glück irgendwann vor der Ethikkommission seines Arbeitgebers verantworten. Was daraus wurde, kann ich nicht sagen, ich hatte schon gekündigt.

Eine gewisse, zumindest vorübergehende Augenhöhe ist deshalb empfehlenswert, denn sie verhindert die trennenden, hemmenden Seiten im Gefälle der von Natur aus heiklen Chef-Mitarbeiter-Beziehung mit all den unerwünschten Nebenwirkungen wie autoritäre Führung, Meinungsanspruch, Belehrung, Willkür, Zurechtweisung, Selbstüberschätzung, Ignoranz, Überheblichkeit, Unberechenbarkeit und Anmaßung. Im besten Falle empfindet man den Chef als relativ sympathisch, kompetent und gerecht. Ich weiß, nicht gleich lachen, klingt nach Märchen, von dem man heutzutage nicht zu träumen wagt, ist aber möglich und kommt vor; ich durfte es erleben.

> *Chef zum Mitarbeiter: „Ich habe beschlossen, Ihnen mehr Verantwortung zu übertragen. Von heute an sind Sie für alles verantwortlich, was schiefläuft."*

Vorgesetzte sollten ebenso nach unten hin loyal sein, sich als anleitende Partner verstehen, die ihren Mitarbeitern den Rücken stärken, Vertrauen entgegenbringen, Freiräume gewähren, sie motivieren und respektieren, ein offenes Ohr für sie haben und sie loben – ups, jetzt hören Sie aber auf zu lachen, das hier war ernst gemeint! Schließlich ist nur dann ein Nährboden für ehrlichen, wechselseitigen Humor mit allen seinen positiven Wirkungen gegeben, wenn von denen beide Seiten etwas haben. Ansonsten wird auf der einen Seite selbstherrlich genötigt, eitel sich produziert und auf der anderen nur vorgetäuscht, geheuchelt, unterdrückt, sich angebiedert oder innerlich voller Unbehagen abgewandt.

Humor ist doppelt gefährlich: Er kann zum Stachel am Hintern der Macht werden, aber auch als Keule der Macht auf Untergebene dienen.

Echter Humorgenuss verträgt kein Statusgefälle zwischen Humorist und Adressat; Humor steht auf Kriegsfuß mit der Macht. Das hat noch nichts mit der Obrigkeit als beliebter Zielscheibe des Humors, besonders der Satire zu tun. Das Statusgefälle gilt sogar für scheinbar harmlose Situationen, in denen wir eine Vorlesung, einen Vortrag, eine Rede oder Präsentation halten, vor einer Klasse unterrichten oder vor Studenten lehren: Unseren Humor wird man nicht zwangsläufig allein aufgrund unserer momentan privilegierten Stellung begeistert annehmen, mit Ausnahme vielleicht der üblichen Verdächtigen wie Diplomaten, Opportunisten, Heuchler und Schleimer. Im Gegenteil: Bei Untergebenen und Teilnehmern sind zunächst oft Unlust, Zweifel, Vorurteile, schlechte Erfahrungen und nicht zuletzt auch Schlafmangel im Spiel. Und wenn wir tatsächlich dann forsch, autoritär, unsicher oder langweilig auftreten, in der Sache nicht genug zu bieten haben, gar mit Druck oder Drohungen arbeiten, bleibt für Humor wenig Raum. Erfüllen wir hingegen halbwegs die Erwartungen, erzeugen Aufmerksamkeit, treffen die Interessen, wirken nicht unsicher und nervös, stattdessen kompetent oder sympathisch oder alles zusammen, wird man unsere witzigen Einfälle honorieren, was wiederum der Gesamtwirkung unserer Bemühungen zugutekommt – unser Auditorium wird ehrlich lachen können.

Humor ist also kein Ersatz für Defizite in der Beziehung zwischen dem, der die Leitung, das Kommando, das Wort, das Wissen, die Autorität oder Verantwortung hat und jenem, der ihm untersteht in diesem Rahmen, ihm folgt, auf ihn angewiesen ist. Wenn ein so gewolltes Gefälle zwischen Menschen existiert, brauchen wir zum Ausgleich ein Mindestmaß an echter

Kompetenz, an Unvoreingenommenheit, Vertrauen, Respekt, Loyalität, zuweilen kommen Sympathie und Verehrung hinzu, dann steht authentischem Humor jedenfalls nichts im Weg.

> *Personalchef: „Sie fangen Montag an. Bezahlt wird nach Leistung." Bewerber: „Tut mir leid, davon kann ich nicht leben."*

Die Abneigung zwischen Humor und Macht geht aber noch in eine andere Richtung riskanter Nebenwirkungen: Es besteht nicht nur die Gefahr, bei seinem Adressaten abzublitzen oder ein vorgetäuschtes Verhalten zu provozieren, sondern übers Ziel hinauszuschießen, den Empfänger für sich zu vereinnahmen, zu manipulieren, zu verblenden und dadurch zu leichtfertigen, peinlichen Handlungen und Aussagen zu animieren. Solche Fälle habe ich erlebt: Während einer Betriebsfeier zu vorgerückter, feuchtfröhlicher Stunde hat sich der neue oberste Vertriebschef an den Tisch der Sachbearbeiter gewagt und ein Feuerwerk an originellen Scherzen und herzhaftem Lachen entfacht. Geschaffen hat das zunächst Vertrauen, leider auch verhängnisvollen Übermut provoziert, sodass sich zwei der Sachbearbeiter haben hinreißen lassen, noch lauter zu wiehern als der hohe Vorgesetzte und so absurde wie schlüpfrige, sexistische und rassistische Witze vom Stapel zu lassen.

Allein aufgrund des beiderseitig lebhaft praktizierten Humors und weil man mit diesem entfernten Vorgesetzten kaum etwas zu tun haben werde, ist doch nur Vertrieb, hatte man angenommen an dem Tisch, sich relativ sicher zu fühlen. Irrtum aber: Anhand des unheilvollen Abends hat der Boss seine Einschätzung der beiden Mitarbeiter zementiert und sie das später subtil immer wieder spüren lassen.

„Laut Studie klagt jeder vierte Chef über die Arbeitsmoral der Berufsanfänger." „Stimmt: Auch unser Azubi trinkt statt Kaffee frech Salbeitee."

So vermag die Droge Humor nicht nur Sorgen und Nöte wie im Rausch vergessen zu lassen, sondern eine gesellige Runde von Hierarchien zu vereinen, dem schönen Schein zumindest nach. In dem Irrglauben, aufgrund des unbeschwerten Humorgefühls die realen Machtverhältnisse vorübergehend ausblenden zu können, öffnet sich der Humorkonsument womöglich etwas zu freigiebig, macht sich verwundbar und abhängig damit, gibt unbedacht Vertrauliches, Persönliches und Peinliches preis, das andere, die dem Rausch nicht verfallen sind, registrieren, speichern, weitergeben, gegen uns verwenden könnten – die Zeiten sind heute so.

Humor will Menschen zwar zusammenbringen, sie sich amüsieren lassen, doch sollte ein Mindestabstand verbleiben, ohne deshalb gleich paranoid zu werden. Selbst in der Familie, bei Freundschaften, in der Partnerschaft brauchen wir Distanz, eine rote Linie, die nie überschritten werden sollte. Und je größer die Unterschiede in der Hierarchie sind, umso genauer sollten wir hinsehen, auf unseren Humor achten, sowohl als Untergebener wie als Vorgesetzter.

„Schon gehört? Supermärkte rufen Reibekäse zurück. Die haben gefährliche Bakterien darin entdeckt." „Ich weiß, hab schnell welchen geholt: Koche heute Abend für meinen Chef."

Während wir selbst noch einigermaßen wissen, wen wir belustigen wollen, uns darauf einstellen können, ist das bei Komikern, Comedians und Kabarettisten anders: Sie sehen sich einer gewaltigen heterogenen Masse ausgeliefert, deren Gesamtlage und Geschmack, momentane Stimmung und Situation sie nicht kennen, kaum in Erfahrung bringen können. Aber auch hier sollte man sich auf sein Publikum soweit es geht einstellen, Mindestregeln befolgen.

Loriot etwa hat sich gern aristokratisch gegeben, dabei jedoch nie etwas falsch gemacht, immer den passenden Draht gefunden, den richtigen Ton getroffen, sich mustergültig selbst durch den Kakao gezogen. Humor verträgt keine Divenhaftigkeit, die anmutet, als wolle der Humorist mit seinem Publikum in einer Art Machtpoker spielen. Etwas anderes sind Ecken, Kanten und Marotten, ein schweres Leben oder melancholisches Wesen. Hinderlich sind sie nicht, meist von Vorteil für den Humoristen sogar. Manchmal beruhen Komiker-Genies auf einem depressiven Gemüt wie im Fall des begnadeten, viel zu früh verstorbenen Robin Williams.

Wenn sich allerdings die überbezahlte Spaß-Diva selbstzufrieden von ihrem Publikum entfernt, keine Lust und Leidenschaft mehr zeigt, stattdessen zu routiniert, abgeklärt, elitär und egozentrisch wirkt, mit pseudointellektueller Blödelei wertvolle Sendezeit totschlägt, als gelangweilter Vollstrecker aufgeschriebener Gags fungiert, nur weil sie es kann, helfen langjährige Professionalität, immerwährende Gelassenheit, perfekte Schlagfertigkeit und ein ehemaliger Kultstatus herzlich wenig, wirkt der Humor irgendwann nicht authentisch.

Wahrscheinlich musste deshalb ein großer Late-Night-Talker hierzulande letztlich scheitern, was ernsthaft zu bedauern ist. Gut, ja, auch das Publikum wird leider zahmer, möchte wohl kein Blut mehr sehen, lieber den gesellschaftlich verordneten Correctness-Konsens pflegen, was es für Satiriker und Kabarettisten nicht gerade einfacher macht, erst recht nicht für Amateure auf diesem Gebiet, etwa in sozialen Netzwerken, wie Sie gesehen haben.

Was aber will uns das als ambitionierte Hobby-Humoristen lehren? Wir kommen zurück auf den Draht, den es gilt, zu unserem Humorkonsumenten zu verlegen, für den unser Humor schließlich gedacht ist, egal, ob die Leute im selben Raum, am Telefon oder am anderen Ende des Internets sitzen oder sich später an unserem Geschriebenen abarbeiten: Wir sollten den Geist einer Situation, eines Ereignisses oder Anlasses erfassen, erfühlen, mit unserem Publikum teilen, sollten die momentanen Vorlieben und Wünsche, Vorbehalte und Sorgen dieser Leute, soweit überhaupt möglich, ernst nehmen, verstehen und thematisieren.

Gleichfalls gilt es, Leidenschaft und Profil zu verkörpern: Seien Sie, wie Ihr Publikum, politisch linksliberal oder brav konservativ, gemäßigter Wutbürger, Flughafen- oder Globalisierungsgegner, Umweltaktivist oder Datenschützer. Seien Sie stilvoll oder geschmacklos, ein Pechvogel oder Glückspilz, Workaholic oder Faulpelz, Computer-Nerd oder analoger Womanizer, Choleriker oder Leisetreter, Schrebergärtner oder Kosmopolit, Landpomeranze oder Großstadtneurotiker. Seien Sie intellektuell oder prollig, naiv oder clever, bissig oder weichgespült, manisch oder depressiv oder abwechselnd beides, aber seien Sie etwas, das auffällt, polarisiert, Schwächen zeigt und in Schubladen passt. Denn unsere Zielgruppe mit ihrem jeweils eigenen Sinn für Humor steckt bereits dort, in diesen Schubladen, auch wenn sie es nicht zugeben würde.

Alles zusammen oder gar kein Profil geht jedenfalls nicht. Universalgenies und unbeschriebene Blätter, Neutralität, Perfektion und Mixturen aus tausend tollen Zutaten sind langweilig oder unheimlich, locken keine Maus aus dem Haus. Das aalglatte Politkarriere-Superweib mit sieben Kindern ist zwar achtbar und der allwissend erscheinende Fernsehphilosoph hoch beeindruckend, doch haben es beide umso schwerer, witzig zu sein. Wir müssen die Rolle ja nicht dauerhaft repräsentieren, unsere Humorkonsumenten brauchen nur eine ungefähre Ahnung davon, wo und wofür wir gerade stehen, ob wir ähnlich unvollkommen sind und bescheiden leiden unter diesem Leben, wie sie und viele andere es tun.

Zielscheiben können nicht lachen

Manch Kabarettist schießt dabei allerdings übers Ziel hinaus und ist kabarettistischer, als dem Humor lieb sein kann: Seinem Publikum will er den Schmuddel-Spiegel vorhalten: Etwa wenn er die Aufregung im Volk um Steuerhinterziehungen beliebter Prominenter nicht verstehe. Wir alle würden doch mehr oder weniger das Finanzamt berumsen – schließt er da von sich auf andere? Solche Sätze treiben die Satire auf den Gipfel, so hoch, dass der Humor nicht hinterherkommt. Allein die steuerhinterziehenden Promis samt deren zweifelhaften Fans mögen genüsslich schmunzeln, die hingegen meisten Zuschauer dürften freudlos bis verstört empfinden.

„Schon gehört? Die Zahl der Selbstanzeigen beim Finanzamt hat sich im letzten Jahr verdreifacht." „Kein Wunder bei so beliebten Vorbildern."

Allenfalls Nostalgiker des deutschen Nachkriegskabaretts wissen Schlenker in Richtung Zuschauergewissen zu verteidigen: Wenn die Klischees und billigen Vorurteile einmal nicht flott weiter gedroschen werden, das Publikum stattdessen in einer Art Zwischentiefwaschgang moralisch gereinigt werden soll. Ob das heute noch gefragt ist, sei dahingestellt. Das einschlägige Publikum ist kritischer und anspruchsvoller geworden, verlangt auch hier gern nach Fakten und Substanz als Basis des Humors, etwa nach den Verstrickungen zwischen Politik und Wirtschaft, oder wie Großkonzerne es schaffen, Steuermilliarden zu vermeiden, während das Finanzamt bei uns jeden Cent auf ewig im Auge behält.

Das Publikum wird weniger lachen können, solange die Satire wie eine Predigt und anmaßend wirkt, die falsche Partei ergreift, der Draht, die Empathie, der Zeitgeist und die Augenhöhe nicht stimmen. Und vor allem, wenn gegen grundlegende Humorregeln verstoßen wird: Dass man zum Ersten den spöttischen Zweck stets gegen andere, niemals gegen den eigenen Humoradressaten richtet und der Spott tatsächlich berechtigt sein muss. Dass man zweitens sehr wohl Klischees und Vorurteile zu bedienen hat, da sie unser aller zwiespältiges und damit typisch menschliches Wesen ausmachen. Zum Dritten sollte man zu seiner Zielscheibe stehen, sie nicht gleich wieder opportunistisch rehabilitieren, und zum Vierten von dem Kakao, durch den man andere zieht, möglichst auch selbst etwas ins Gesicht bekommen.

Versuchen Sie also nicht, beliebig humorvoll zu sein und jedem gerecht zu werden. Machen Sie Ihre Zielgruppe nicht zur Zielscheibe, und belehren Sie sie nicht. Aber seien Sie es unbedingt: humorvoll, so oft wie möglich und so selten wie unbedingt nötig – egal, ob spontan oder bewusst, ob leidenschaftlich inspiriert oder kühl kalkuliert. Hauptsache, Sie halten Ihren Blick auf die Eignung des Zeitpunkts, auf eine günstige Situation sowie auf die Art, die Stimmung und momentane Lage Ihres Humoradressaten.

Von der irrigen Vorstellung, Charisma, Karriere und Kompetenz würden nur in homöopathischen Dosen unseren Humor vertragen, sollten wir uns besser verabschieden. Das Gegenteil ist der Fall, solange man es halbwegs geschickt anstellt: So lässt sich mit Humor das Charisma durchaus vermehren, die Karriere fördern, die Kompetenz untermauern. Und wer das nicht will oder braucht, es sich leisten kann, auf solche Dinge zu pfeifen, wer sich nicht ständig für Arbeitgeber, Kunden, Vorgesetzte, Geschäftspartner, Mitarbeiter, Wähler, das Feuilleton, deutsche Literaten oder historische Zeigefinger verbiegen muss, dem liefert der eigene Humor noch anderes, nämlich die Anerkennung und Seelenhygiene, eine gelassene selbstsichere, anregende und sympathische Ausstrahlung sowie all die Spaßmomente in der menschlichen Gemeinschaft.

Unser Humor ist der entspannte Mittelfinger, der sich elegant aus der geballten Faust unseres empörten, genervten, gescheiterten oder ängstlichen Geists herausstreckt, um all den steifen Zeigefingern Paroli zu bieten.

Ohne Humor wäre das Leben zu kompliziert, wären die Menschen auf Dauer kaum zu ertragen.

Teil II

Die Welt ist verrückt – werden Sie es nicht auch. Warum Sie Ihren Humor jetzt dringend brauchen

Wir leben in Frieden, Freiheit, Wohlstand und rechtsstaatlicher Demokratie, sind medizinisch gut versorgt und werden deutlich älter als frühere Generationen. Dennoch sind wir unzufrieden und besorgt, fühlen uns gestresst, genervt, ignoriert, ungerecht behandelt, missverstanden, belogen, betrogen, einsamer und häufiger ausgebrannt, seit Jahrzehnten nicht glücklicher.

Wir Menschen, so könnte man glauben, mögen uns nicht mehr, jedenfalls nicht zu oft und nicht zu lange und nicht zu nahe an uns dran. Haben wir überhaupt noch Spaß miteinander oder verlieren wir an Tiefe, Nähe, Vertrauen und Zusammenhalt?

Sicher, der Mensch ist von Natur aus schwierig, schon immer mit Vorsicht, am besten mit Humor zu genießen. Denn in der Gemeinschaft ist er gezwungen, sich Regeln zu unterwerfen, Gesetzen zu beugen, der Vernunft, Tradition, Logik und Wirtschaftlichkeit zu folgen, sich moralisch und politisch korrekt zu verhalten.

Bis hierhin die Theorie: Praktisch ist das kaum durchzuhalten: In der Realität des täglichen Zusammenlebens setzen wir uns ständig auseinander, reiben uns aneinander, passen uns an, ordnen uns unter, üben Macht übereinander aus, verbiegen uns, verbeißen uns, beißen die Zähne zusammen, knirschen im Schlaf mit denselben, gehen faule Kompromisse ein. Im Job, im Geschäftsleben sowie unter fremden Menschen, selbst in der Familie, Partnerschaft und Freundschaft ertragen wir nicht selten daher Unangenehmes, müssen beschönigen, verschweigen, heucheln oder schwindeln.

Laufend schießen Emotionen dazwischen, unsere Triebe, Ansprüche, Erwartungen, Hoffnungen und Vorurteile, zuweilen Übermut und Überdruss, unsere Eitelkeit. Wir stoßen andere vor den Kopf, verletzen oder ignorieren sie, verbauen uns den Erfolg, scheitern, erleben Trauerspiele und leiden. Erschwerend kommt ein Hang zum Dramatisieren und Jammern hinzu und dass wir Pech und Verluste genetisch bedingt etwa doppelt so stark empfinden wie Glück und Gewinn.

All dem müssen wir etwas entgegenzusetzen haben. Genau deshalb, und nicht allein wegen der Unterhaltung oder Geselligkeit, verlangt die Seelenhygiene nach unserem Humor. Und egal, was uns gerade nervt oder aus dem Ruder läuft: diese ganze Vernunft und Korrektheit, unsere Triebe und Emotionen oder die chaotische Unvernunft um uns herum samt all den Schicksals- und Fehlschlägen – Humor relativiert in jede Richtung, gleicht aus, verdrängt übermäßige Zweifel, Strenge, Ängste und Kritik, stellt die Balance in der Wahrnehmung wieder her, entzaubert, entlarvt die Verhältnisse wie unser Verhalten, entlastet die Wahrnehmung, das Gemüt, die Psyche, das Denken, den Ton und nicht selten dann auch die reale Situation.

Alles wird gut? Träumen Sie weiter!

Drei Dinge helfen, die Mühseligkeiten des Lebens zu tragen: Die Hoffnung, der Schlaf und das Lachen.

Immanuel Kant

Hoffnung? Eigentlich sind wir die geborenen Bedenkenträger. Und mit Schlaf, Ruhe und Entspannung haben wir schon lange unsere Not. Da bleibt einem fast nur das Lachen, um die Lebensmühen zu meistern. Doch stecken wir gerade damit in einem Dilemma, aus dem viele nicht mehr rauskommen, und dann geht's ab, nicht selten Richtung Depression. Denn wer hat noch viel zu lachen heutzutage?

Allenfalls Glückspilze, Sonnenscheinchen, Lebenskünstler, Berufserben und Erfolgsverwöhnte sowie Vertreter der jüngeren Generation, die mangels Erfahrung und politischen Interesses die großen, beunruhigenden Zusammenhänge für sich nicht sehen, sich versorgt wähnen, geborgen und beschützt fühlen, können kraft ihres natürlich vorhandenen, nicht verdrängten oder verschüttgegangenen Humors richtig abschalten, sich hemmungslos freuen und lachen, wie beneidenswert. Ähnlich auch laut Studien die Menschen ab 60, die gesund und finanziell abgesichert fürs Alter oder mit weiser Genügsamkeit und Blick auf die nahende Rentenzeit ohnehin gelassener sind, sich weniger sorgen, sich nicht mehr viel gefallen lassen müssen. Doch wird das nicht so bleiben.

Unser aller Lebensbedingungen sind halbwegs anständig einerseits, fast so passabel wie nie. Andererseits sehen wir unsere Lebensqualität, unsere Sicherheit, die erhofften blühenden Landschaften und die rosige Zukunft, vor allem die unserer Kinder mit wachsender Unruhe schwinden. Und da wir kaum etwas dagegen tun können, kommt es umso mehr darauf an, innerlich gegenzusteuern, uns durch Humor zu stärken, zu schützen, mit Menschen sozial zu vernetzen.

Die Dinge, die uns täglich den Spaß verderben, liefern unserem Humor immerhin eine starke Inspiration, das Material, den Treibstoff. Wenn wir uns mit denen nicht beschäftigen, nicht arrangieren, sie nicht auf die leichte Schulter mit Humor zu nehmen verstehen, können wir zwar standhaft unter ihnen leiden, uns in der Opferrolle gefallen oder sie ignorieren und verdrängen. Nur brechen sie sich umso heftiger Bahn, erwischen uns irgendwann eiskalt und lassen uns dann hilflos verzweifeln.

Die aus den Fugen geratene Welt samt all den wunderlichen Menschen darin hat inzwischen nämlich eine Grenze überschritten, dass man zuweilen durchdrehen könnte, den Verstand verlieren möchte. Wie oft ballen Sie unterm Schreibtisch mittlerweile die Faust, geht in der

Tasche Ihnen das Messer auf, können Sie gar nicht so viel essen, wie Sie hochwürgen möchten? Zum Lachen trauen sich viele nicht mal mehr in den Keller, weil der Chef den abgeschlossen hat, er längst abgehört wird oder Kollegen dort sitzen, die beim Heulen nicht gestört werden möchten. Wie oft schießen Sie ihren Chef in Gedanken zum Mond und können, frei nach einem entgleisten Politikerzitat, von vielen Leuten die Fresse nicht mehr sehen?

Astronomen haben einen Planeten gefunden, auf dem Leben theoretisch möglich ist. Also anders als bei uns in der Firma: Da ist Leben theoretisch gar nicht möglich.

Machen sich nicht auch bei Ihnen Sorgen und Ängste breit um unsere Demokratie, vor Endlosverschuldung, prekären Beschäftigungsverhältnissen, sozialem Abstieg, Überalterung, Dauerkrise, Altersarmut und Geldentwertung? Die Globalisierung, die Europabürokratie und die digitale Revolution schüren Unsicherheit. Ebenso die hektische, beschleunigte Arbeitswelt, die kurzsichtige Politik und die nicht weniger werdenden Krisen dieser Welt. Der Staat hat sich „alternativlos" verfranzt, verfangen im Netz des Lobbyismus, ist erpressbar von der eigenen finsteren Vergangenheit und gigantischen Finanzmärkten, von Geheimdiensten und einem Verbund mit Ländern, denen die gemeinsame Währung nicht bekommt. Dadurch haben sich viele Politiker vom Volk derart entfernt, dass man sie am liebsten ganz entfernen möchte.

Ein Kunde betritt die Bank. „Ich muss dringend den Direktor sprechen!" „Das geht leider nicht. Er musste heute Morgen aufs Gericht." „Wann ist er denn wieder erreichbar?" „Unser Anwalt meint, in vier bis fünf Jahren."

Unsere Gesellschaft ist komplett durchökonomisiert, nur profitieren immer weniger Menschen davon. Das große Nachsehen wird später vor allem die jetzt junge Generation haben. Wir leiden unter Leistungsverdichtung, tendenziellem Sozialabbau sowie Konzentration der Vermögen in wenigen Händen. Das alte Prinzip, wonach ein Teil des wachsenden Wohlstands von oben nach unten durchsickert, gilt nicht mehr, hat sich ins Gegenteil verkehrt: Das, was sich weit oben ohne entsprechende Gegenleistung unverschämt vermehrt, fehlt weiter unten, hauptsächlich in der Mitte, wo der Reichtum entsteht.

Arbeit schützt daher nicht vor Armut. Die Mittelschicht droht finanziell auszudünnen, sozial abzurutschen, ein großes Stück weit zu schrumpfen. Und dass die Märkte, der Staat, die Gesellschaft, unsere Arbeitgeber allesamt rauer, unsozialer geworden sind, reicht wohl noch nicht: Zusätzlich müssen Sie unseren täglichen Umgang miteinander regeln, belasten, überwachen, beeinflussen, bis tief ins Private hinein, soweit überhaupt etwas davon übrig ist.

Wer sich online informiert und registrieren lässt, digital kommuniziert, in Foren diskutiert, wer dort einkauft und bezahlt, einen Partner sucht, sich sozial vernetzt, hat kaum noch eine echte Privatsphäre. Auch diese Tatsache lässt sich wenig ändern, nur mit Humor ertragen. Und wer sich mit aller Macht dem entzieht, um scheinbar unangreifbar zu sein, sich vom Fortschritt dadurch abkoppelt, zurückbleibt mit dem zwangsläufigen Gefühl, etwas zu verpassen, nicht mitreden zu können, als altbackener Sonderling belächelt zu werden, der Briefe noch womöglich auf Papier schreibt, braucht seinen Humor umso mehr.

Aufgedeckt: Die NSA betreibt eine eigene Suchmaschine .... Kein Wunder: Nicht alle Leute sind bei Facebook, Twitter und Google.

Wie soll unser Gemüt in Zukunft damit zurechtkommen: mit diesem gigantischen Datenklau seitens digitaler Großmächte, dem Ende der Privatsphäre und de facto auch des Datenschutzes? Wie halten wir das aus, dass Google, Facebook, Microsoft und die NSA exakt wissen, wer wir sind, wie wir aussehen, was wir mögen, worunter wir leiden, wen wir kennen, wo wir uns wann, warum, mit wem aufhalten? Selbst ohne unser Wissen werden wir umfassend vernetzt, werden ausgezogen, nackt gescannt, werden durchsichtig mit jeder Zelle unseres Körpers durch all die Computer, Laptops, Tablets, Smartphones, Spielekonsolen, Router, Kartensysteme, Autos und Fernseher. Wie sollen wir in Zukunft mit der Sorge umgehen, dass da jemand alle unserer Daten, Texte, Bilder, Suchanfragen, Seitenaufrufe, Favoriten, Kontakte und Käufe registriert, speichert, abgleicht, auswertet und daraus detaillierte Profile von uns erstellt, analysiert und weitergibt, die wir selbst nicht kennen, nicht kontrollieren können?

> *Tausende demonstrieren in Berlin gegen ein massenhaftes Ausspähen der Bürger …. Klasse Gelegenheit für BND und NSA, die Typen alle mal zu filmen.*

Sogar mit den Autos, die immer intelligenter werden, umfassend vernetzt sind, kann das noch lustig werden. Neben Chef, Partner und Schwiegermutter drängt damit ein weiterer Rechthaber in unser Leben, der uns vorschreibt, wo und wie es langgeht, der uns durchweg kontrolliert, unsere Aktivitäten allesamt aufzeichnet, uns später bei Versicherungen, Polizei und Finanzamt verpetzt. Und die Geheimdienste wissen dann längst Bescheid über sämtliche unserer Routen, geheimen Ziele und versteckten Leichen in tiefsten Kellern.

„Oh, hallo, wie vorbildlich, heute mal zu Fuß gekommen?" „Nun ja, mein neues Auto hat mir verkündet, ich hätte 0,513 Promille Restalkohol im Blut, sei übernächtigt und sexuell frustriert und könne daher auf keinen Fall heute fahren."

Je mehr der Computer und das Internet unser Leben beherrschen, umso anfälliger werden wir für Störungen, für ständig neue Varianten der Abzocke, des Ausspionierens und Vernichtens. Man traut sich kaum noch, Links und E-Mail-Anhänge zu öffnen oder mit Kreditkarte zu zahlen. Das, was in der für uns weitgehend unsichtbaren Netzwelt mit Milliardenschäden bereits heimlich passiert, könnte bald ungeahnt zerstörerische Dimensionen von Internet-Terrorismus und Cyberkrieg erreichen – wenn es denn nicht schon so weit ist: Staaten, erst recht Unternehmen geben die meisten Angriffe auf ihre Systeme gar nicht zu.

Unterricht in der ersten Klasse. Fragt die Lehrerin: „Wer kann mir sagen, was das Internet ist?" Meldet sich die kleine Anna: „Eine zivile Zweckentfremdung des größten US-Spionage-Netzwerks."

Bei den Spähattacken haben uns nicht nur Geheimdienste und Großkonzerne im Visier, auch der eigene Staat. Doch es dürfte zu spät sein, sich gegen Big Data zu wehren, gewaltig sind die Begehrlichkeiten, weltweiten Märkte und möglichen Gewinne. Unsere Wohnungen und Häuser, unsere Familien und Freunde, wir selbst sind schon lange gläsern. An unserem Privatleben kann sich jeder ungefragt beteiligen, jeder voyeuristische Nerd nach Belieben aufgeilen. Aus dem Netz der Datenleitungen und gigantischen Server werden wir unsere digitale Spiegelidentität nicht mehr herausbekommen, unumkehrbar führt sie dort ihr unsterbliches Eigenleben.

„Dem BND vertraue ich, der späht seine Bürger nicht aus."
„Sehr richtig, der gibt alle Daten ungesehen an die NSA weiter."

Können wir hoffen auf den Staat, diesen Bock, der sich gern zum Gärtner macht, oder müssen wir selbst auf die Barrikaden steigen? Besteht die Gefahr, dass wir vollends gleichgültig weitermachen mit unserer Netz-Inszenierung, sogar Lust empfinden am digitalen Exhibitionismus, oder werden wir paranoid? Entdigitalisieren wir uns vielleicht, kehren allesamt zurück zu Stift und Zettel, Schreibmaschine, Durchschlägen, Papierbrief und Rohrpost? Oder akzeptieren wir diesen angeblichen Fortschritt, lassen uns widerwillig mitziehen, gewinnen ihm etwas ab, wundern, ärgern und ängstigen uns aber nicht mehr, machen uns stattdessen lustig darüber, veralbern das System, müllen es mit witzigen bis konfusen und absurden Daten zu und nehmen alles mit Humor?

Humor ist manchmal der einzige rettende Spaß, der uns noch bleibt.

In fast sämtlichen Bereichen geht uns der Turbokapitalismus scheinbar unabwendbar an den Kragen: Straßen, Brücken, Schulen und Stadtviertel verrotten, ganze Landesteile veröden, haben kein Breitbandnetz. Wir arbeiten, pausieren und essen immer schneller, bewegen uns zu wenig und ernähren uns bedenklich, leiden unter Zivilisationskrankheiten und dem zweifelhaften System der Lebensmittelverfremdung und Pharma-Schulmedizin. Was für eine Welt, in der Chinesen kaum Kinder haben dürfen, Italiener keine mehr wollen und die Deutschen Kinderlärm gesetzlich regeln müssen.

Meint der Arzt zum Patienten: „Bewegungsmangel ist eine Hauptursache für Herzinfarkt." Darauf der Patient: „Weiß ich doch. Deshalb bewege ich mich andauernd mit dem Auto."

Kein Land hat im Verhältnis zur Gesamtbevölkerung weniger Kinder als Deutschland. Dadurch beherbergen wir im Durchschnitt die ältesten Menschen in Europa, im Weltmaßstab die zweitältesten. Während der Absatz von Windeln für Babys zurückgeht, boomt der für Senioren gewaltig. Werden wir bald zur Demenz- und Inkontinenzrepublik? Bekommt der Begriff Liquid Democracy damit eine neue Bedeutung? Mit Lachen jedenfalls stärken wir die Beckenbodenmuskulatur, und mit aktivem Humor bleiben wir geistig länger fit.

Amazon hat ab sofort auch eigene Windeln im Programm .... Kein Wunder: Ein Riesenmarkt für alle Kontinente und Inkontinente.

Jeder vierte Erwachsene bei uns ist mittlerweile Single, Tendenz steigend. Etwas orientierungslos und überfordert suchen die Geschlechter nach ihrer neuen Rolle und dem perfekten Partner, werden sich ähnlicher und verstehen sich weniger. Nachwuchs kommt noch, immer später, oft unterstützt mit technischen Tricks, was ihn aber nicht davor schützt, irgendwann als Trennungskind zu enden.

Laut Statistik werden die Deutschen immer dicker .... Egal, Hauptsache Bevölkerungszuwachs.

Trotz aller Fortschritte in der Gleichberechtigung – oder gerade deswegen? – bauen sich die Vorbehalte der Geschlechter gegeneinander nicht wirklich ab: mit all dem verwirrten männlichen Resttestosteron und der gebliebenen weiblichen Furcht vor Belästigung und Diskriminierung durch Mehrheitsmacht oder pure körperliche Überlegenheit und Unberechenbarkeit von Männern. Sexismus und Chauvinismus kommen nicht mehr überall plump und sofort sichtbar vor, dennoch sind sie da, werden von Werbung und Medienformaten romantisch und aufreizend verbreitet, selbst kranke Frauen müssen in

Zeitschriften noch sexy aussehen.

Nach wie vor gibt es eine deutliche Ungleichverteilung bei attraktiven Jobs und damit Einkommen, bei Führungspositionen, Hausarbeit und Kindererziehung, gibt es abgeschottete Männer-Bünde, Shitstorms gegen Frauen, Vorurteile im Straßenverkehr, erzwungene Prostitution, häusliche Gewalt, Scheidungskriege, Unterhaltsprozesse, widerwärtiges Gerangel um die Kinder, aber auch Gender-Sprachverunzierung sowie radikalen und damit nur abschreckenden Feminismus.

In Parteien, Großunternehmen, Behörden, Lehreinrichtungen und Organisationen wird offiziell in Einzelfragen schon lange fleißig auf Gleichberechtigung gemacht, ansonsten in der ganzheitlichen Sache noch zu viel hingenommen, verdrängt, verschleppt oder lediglich formal postuliert. Daher braucht es statt generalverdächtigender Aufschrei-Kampagnen oder einer „Herdprämie", die in 95 Prozent der Fälle von Frauen wahrgenommen wird, mehr echte Frauen- und Familienförderung, Lohnangleichung, Ethikregeln und möglicherweise neue Quoten, sogar für Männer, etwa im Erziehungs- und Sozialbereich.

Was hier nur regelmäßig auffällt: Beim weinerlichen oder aggressiven Jungfeminismus sowieso, aber auch sonst, wenn es um wahre Gleichberechtigung geht, ist jeglicher Humor abwesend, ist weit weg oder wird missverstanden, verteufelt, missbraucht, um abzuwiegeln, herabzusetzen, lächerlich zu machen. Dabei könnte gerade Humor die Geschlechter in tausend komplizierten, unlösbar scheinenden Dingen erst mal ein wenig mehr besänftigen, auf Augenhöhe zusammenführen, könnte Frauen mutiger, gelassener und erfolgreicher machen. Weiteres dazu später.

Ansonsten geht es uns gut, in Deutschland materiell zumindest, mit einem einigermaßen vernünftig bezahlten Job. Doch die fetten Jahre neigen sich dem Ende entgegen: Es sieht so aus, als sei allein mit steigender Verschuldung, Raubbau an Natur, Klima, Gesundheit und Bürgervermögen sowie digitaler Vormacht einer Handvoll Großkonzerne Wachstum weltweit noch möglich.

Nur können die Regierungen der Länder nicht ewig die sich anhäufenden Blasen, Defizite und Ungerechtigkeiten auf spätere Generationen verschieben, die in Europa ohnehin schrumpfen werden. Demografische Verwerfungen lassen unsere Gesellschaft in naher Zukunft alt aussehen. Unser Lebensstandard, vor allem der unserer Kinder, wird Federn verlieren, während die Zuwanderung das nicht ausgleichen kann. Bereits jetzt sind in Deutschland 16 Millionen Menschen von Armut oder sozialer Ausgrenzung betroffen, was 20 Prozent der Bevölkerung entspricht, EU-weit sind es 24,5 Prozent. Mehr als 1,6 Millionen Kinder unter 15 Jahren leben in Deutschland von Hartz IV.

> *„Hast du schon gehört? Hugo Boss zahlt in Kroatien und der Türkei Armutslöhne unter dem Existenzminimum." „Erstaunlich: Also noch über dem Niveau vieler Löhne in Deutschland?"*

Zudem ist die menschliche Zivilisation grundsätzlich fragil: Naturkatastrophen und Klimakapriolen wie Erdbeben, Dürren, Stürme, Überschwemmungen, Tsunamis und Epidemien lauern unberechenbar. Vieles davon ist hausgemacht, hat die Menschheit längst erkannt, ohne halbwegs angemessen darauf zu reagieren. Manche Experten meinen, es sei bereits fünf nach zwölf. Tropische Regenwälder, fruchtbare Böden und Gletscher verschwinden, Rohstoffvorräte gehen zur Neige, die Meere sind übersäuert und überfischt, die verbliebenen Meeresbewohner mit Schwermetallen belastet. Und welche Folgen Fracking und Gentechnik haben, ist gar nicht absehbar.

Hinzu kommen die ständigen Kriege, der Terror, weiterhin Massenvernichtungswaffen sowie Armut, Hunger, Flüchtlingsströme, religiöser Fanatismus, Folter, Zwangsheiraten, Kinderausbeutung, sexueller Missbrauch. Wer soll das auf Dauer ertragen, ohne abzustumpfen, traurig oder ängstlich wegzuschauen, zynisch zu erkalten, komplett abzuschalten, irre oder depressiv zu werden?

Die russische Lebensmittelbehörde will McDonald's-Burger verbieten. Schade, aber man kann's verstehen: Ist schließlich die effektivste biologische Geheimwaffe der USA.

Dass sich an den Missständen und Risiken grundlegend nichts ändern wird, ahnen die meisten. Dass unser Humor sich in dem Zusammenhang als Evolutionsvorteil, als seelischer Überlebensfaktor erweist, ahnt hingegen kaum jemand: Heutzutage kommt es nicht mehr nur darauf an, geistig mitzuhalten und körperlich fit zu bleiben. Anlass zur Sorge bieten immer häufiger unsere Seelenschieflagen wie auch der bröckelnde Zusammenhalt zwischen den Menschen.

Geahnt haben wir es lange, jetzt ist es erwiesen: Soziale Kontakte sind die beste Lebensversicherung, halten gesund, machen glücklich, bescheren uns ein längeres Leben. Dazu müssen wir aber kommunizieren, und zwar richtig: Nicht so digital oberflächlich, fragmentiert, angepasst, anonym, uniform, selbstdarstellerisch und unverbindlich. Ebenso wenig derart moralisch sauber nörgelnd und politisch korrekt gereizt. Hat uns die langjährige wie langweilige Mutti Kanzlerin über die Jahre hinweg womöglich eingelullt, uns unserer Empörung, Fantasien und Visionen beraubt, uns den Biss, den Charme, den Glanz, die Originalität und Eleganz genommen und damit wichtige Bestandteile unseres Humors vorenthalten? Kann bald nicht sein, da sie doch selbst Humor hat, den sie uns nur zu selten zeigt.

Was ist der Unterschied zwischen einem Theater und dem Bundestag? Im Theater werden gute Schauspieler schlecht bezahlt …

Menschen wollen angeregt, herausgefordert, erfreut, begeistert, überrascht und gefesselt werden. Sie wollen lachen, sich miteinander verbunden fühlen, und das nicht allein vor dem Fernseher. Insofern müssen wir selbst einen Beitrag leisten, andere gewinnen, uns integrieren und präsentieren, interessanter machen, Geltung verschaffen, aber vor allem diesen leider üblich gewordenen Irrsinn des modernen Lebens bekömmlicher verdauen. Humor ist dabei ein sozial wie auch psychologisch gesunder Ausgleich.

Das Leben ist bezaubernd, man muss es nur durch die richtige Brille sehen.

Alexandre Dumas

Die Medien saugen uns Humor ab

Wissen Sie noch, damals? Als wir uns mit der berühmten Frage so erfreut wie genervt haben: „Kennst du den schon?“ Sicher, die meisten Witze waren mäßig, viele unerträglich, einige richtig gut. Unseren grauen Alltag haben sie angeregt und aufgelockert. Zuweilen jedenfalls vermisse ich Onkel Willis von Pfeifenrauchschwaden umhüllte Anekdoten und Aphorismen, Großtante Ernas schrullige Hausfrauenweisheiten nach den obligatorischen drei Gläschen Likör, den herzlichen Mutterwitz der Großcousine väterlicherseits oder den so permanenten wie impertinenten Schlagabtausch unserer Jugendzeit, die alkoholisierten Blödeleien durchgefeierter Nächte wie auch die täglich lästernden Späße jenes Kollegen, der schon lange nicht mehr da ist. Nach wie vor genießen kann ich die elegante Selbstironie eines Cary Grant, den neurotisch-trockenen Humor des hibbeligen Antihelden Woody Allen, die zeitlosen Gags beschwingter Boulevardkomödien, das Wortwitz-, Parodie- und Slapstick-Feuerwerk in den Nackte-Kanone-Filmen oder den stilvoll-hintersinnigen Klamauk eines Loriot.

Damals war längst nicht alles besser, aber unser tägliches Leben hat vermehrt Wert auf authentischen Humor gelegt, da war Humor noch ein Ereignis. In den Medien gab es seltener Gags, dafür richtige und wirklich neue, die uns begeistert haben, so sehr, dass man sie sich merken und weitererzählen konnte, selbst wenn sie heutzutage antiquiert anmuten mögen. Im Alltag haben wir uns ausgeschüttet vor Lachen über unsere Missgeschicke, und zwar überall und hemmungslos, während die Menschen gegenwärtig darauf bedacht sind, cool, wichtig, hip, unangreifbar und politisch so schrecklich korrekt zu wirken.

Wo ist der ganze Humor geblieben, den wir derweil verloren haben? Hat ihn paradoxerweise die Comedy-Flut mit sich gerissen? Tatsächlich: Sobald etwas gut läuft, sind die Medien unersättlich in ihrem kommerziellen Drang. Und Humor geht immer. Deshalb saugen sie alles auf, was im Entferntesten nach Humor riecht, monopolisieren ihn damit. In eigenen Labors synthetisieren sie ein modernes Format nach dem anderen, für welches dann fabrikmäßige Produktionen ununterbrochen neue, alte und aufgehübschte Gags auswerfen.

Obwohl die Comedy-Welle längst nicht mehr so hoch schlägt, spielt sich unser Humor in den Medien ab. Was früher Slapstick, Witze, Komik, Parodien und Sketche waren, sind heute quirlige Dummquatsch-und-Kunstgelächter-Sitcoms, inflationäre Stand-up-Comedy-Contests sowie diverse Kabarett- und Satireformate. Wie am Fließband werden sie gesendet und andauernd wiederholt, was uns Medienkonsumenten mit Fastfood-Gags überfrachtet und zu passiven Humorvoyeuren degradiert.

In einer virtuellen Realität arrangieren die Medien den Humor, den wir im richtigen Leben haben könnten und übertreiben dabei dermaßen, dass man ihn häufig schon satt hat. Fast jeder unserer Lebenssituationen würde ein

Bruchteil dieses Humors um ein Vielfaches besser bekommen. Hochkonzentriert werden stattdessen die Situationen nur simuliert, stehlen uns die unzähligen Comedians und Kabarettisten die eigene Show, verpuffen die Gags in der Geringfügigkeit eines ohnehin entspannten, erschöpften oder ignoranten Feierabendgeists.

Humor ist in Deutschland dicke da: In aller Augen und Ohren. Nur leider nicht in aller Münder.

Humor ist zu einer Angelegenheit bezahlter Profis geworden, zu einem unterbewerteten Verkaufsgut, einem verschwendeten Abfallprodukt, industriell fabriziert und perfektioniert im Dienste der Einschaltquoten, Klicks und Werbeumsätze. Mittlerweile gibt es Formate und Komiker in Massen und sämtlichen Preis- und Verschleißklassen, dass man sich selbst kaum noch traut, witzig zu sein. Dahinter steckt offenbar die Angst, missachtet oder verlacht zu werden, weil die Profis das um ein Mehrfaches besser können und die Masse der Leute inzwischen verwöhnt, überkritisch oder vollends bedient ist. Vielleicht ist daher auch der Witz in der Öffentlichkeit so gut wie tot.

Alles wird teurer, nur die Witze werden billiger.

Die Medien fressen uns die besten Humorhappen weg und scheiden sie dünn als Comedy wieder aus. Humor und herzhaftes Lachen in der Gemeinschaft netter Menschen sind ein göttlicher Seelenorgasmus, einsamer Comedy-Konsum rein mediale Humormasturbation.

Sind wir noch bloß komisch oder längst neurotisch?

Es ist höchste Zeit, uns den Humor dorthin zurückzuholen, wo wir ihn dringender brauchen als in den Medien, und zwar in den produktiven, angespannten Situationen unseres täglichen Lebens. Weder das morgendliche Getöse aus den Küchen- und Autoradios noch der abendliche Fernsehgaudi beweisen, dass wir humorvoller geworden sind. Und glücklicher schon gar nicht.

Kein Geist ist in Ordnung, dem der Sinn für Humor fehlt.

William Makepeace Thackeray

Mehr als ein Drittel der Europäer leiden mindestens einmal im Jahr unter einer klinisch bedeutsamen psychischen Störung. In den letzten Jahren hat die Zahl psychosomatischer Erkrankungen massiv zugenommen. Durch Stress bedingt sind etwa 30 Prozent der Deutschen von Magen- und Rückenschmerzen, Migräne, Bluthochdruck, Schwindel und Schilddrüsenüberfunktion betroffen. Jeder Vierte leidet unter Schlafstörungen, zehn Millionen Deutsche unter dem Reizdarmsyndrom, sechs Millionen haben Neurodermitis. Die Zahl der Alkoholabhängigen hat sich seit 2006 um 36 Prozent erhöht. In Deutschland sind rund 1,8 Millionen Menschen betroffen. Insgesamt trinken rund 7,4 Millionen Deutsche mehr als die empfohlene Menge.

Nahezu verdoppelt haben sich seit 1990 die Krankschreibungen wegen psychischer Probleme. Seit 1999 sind die Arbeitsausfälle infolge Burn-outs um 80 Prozent gestiegen. Wer wegen Depression, Angststörungen oder Burn-out in Frührente geht, ist im Schnitt gerade mal 49 Jahre alt. Das sind 39 Prozent aller Patienten mit psychischen Erkrankungen, 1993 waren es nur 15 Prozent. Und so wird heutzutage gleich die doppelte Menge Antidepressiva geschluckt wie vor zehn Jahren. Während in der Altersgruppe der 18 bis 29-Jährigen bereits jeder Zehnte von einer Depression betroffen sein soll, wächst die Wahrscheinlichkeit eines Burn-outs nicht bloß mit dem Alter, sondern genauso mit dem Bildungsgrad und wirtschaftlichen Status der Menschen. Insgesamt leiden vier Millionen Deutsche unter einer Depression.

Der Heitere ist der Meister seiner Seele.

William Shakespeare

Die Burn-out-Rate steigt trotz oder wegen des modernen Lebensstils, weil der Ausgleich, der Rückzugsraum, die Mußestunden fehlen, selbst die Freizeit zum Stressfaktor wird: Haushalt, Familie, Kinder, Verkehrsstaus, Behördenkram, Einkaufshektik, piepende Supermarktkassen, nervende Kaufhausmusik, Informationsflut aus sämtlichen Medien und einer schwer zu beherrschenden Kollektion von Geräten. Aber auch Weiterbildung, Hobbyaktivitäten, Fitness, Dating, E-Mail-Schwemme, Chats, soziale Netzwerke, Rückrufe, Partys, schlechtes Essen, schlechte Finanzanlagen, Beziehungsprobleme, ständig Events und Termine, Termine – wir kommen nicht zur Ruhe, sind kaum noch eines echten Genusses fähig, nicht mal im Urlaub.

Und das Verrückte daran: Wir merken es lange Zeit nicht, fühlen uns tough, wichtig, hip und zugehörig, man trägt das heute so. Mit all den Häusern, Wohnungen, Autos, Fahrstühlen, Rolltreppen, schicken Klamotten, eleganten Büros und teuren Gadgets glauben wir, uns eine freiheitliche Komfortzone eingerichtet zu haben. Dabei handelt es sich um den hauchdünn vergoldeten Käfig, der mit jeder Anschaffung, jeder Verpflichtung, jeder vertrackten Bedienungsanleitung enger wird, solange Ruhe, Entspannung, Balance und regelmäßige Freude fehlen, der Spaß mit Menschen, ein solidarisches Gemeinschaftsgefühl, der Abstand zum Alltag, zu den Miseren der Welt, zu sich selbst und seiner kleinkarierten Wurstelei.

Nur jeder fünfte Arbeitnehmer ist mit seinem Job halbwegs zufrieden. Ein Großteil sieht sich infolge des gestiegenen Leistungsdrucks psychisch überfordert und nicht ausreichend anerkannt. 63 Prozent glauben derart benachteiligt zu sein, dass sie ihrem Gerechtigkeitsempfinden folgend Dienst nach Vorschrift machen. 23 Prozent sollen innerlich gekündigt haben, 2001 waren es noch 15 Prozent.

> *„Schon gehört? Gemäß Umfrage hat jeder zweite Arbeitnehmer wegen seines Vorgesetzten bereits einmal gekündigt.“*
> *„Bloß einmal? Ich mache das täglich, innerlich.“*

Leiharbeit, Minijobs und befristete Anstellungen ergeben zusammen inzwischen ein Drittel aller Beschäftigungen und führen zu vermehrter Unsicherheit in der Lebensplanung. Immer mehr Jobs werden zu zeitweiliger Projektarbeit oder vereinsamenden Heimarbeitsplätzen degradiert. Und selbst wenn man noch in der Firma arbeiten darf, greift Desksharing dort um sich, bei dem sich die Arbeitnehmer täglich einen Schreibtisch erst suchen müssen, sozial dadurch weniger sich eingebunden fühlen.

> *„Die Zahl der Arbeitslosen ist auf ein Jahrestief gesunken.“*
> *„Schön und gut, aber wie tief muss man noch sinken, um nicht arbeitslos zu werden?“*

In den Kirchen, Parteien und Gewerkschaften schrumpfen die Mitgliederzahlen, gesellige Sportvereine weichen anonymen Fitnessstudios, Skat- und Stammtischrunden verschwinden. Die Schützen- und Kegelvereinskultur ist allenfalls in Kleinstädten und auf Dörfern noch zu finden, im Osten ohnehin deutlich weniger, und feste Hobbygruppen wie in Tanzschulen betreffen eine Minderheit, immer häufiger werden zeitweilige oder offene Kurse,

Tanzanleitungen vor Partys und einmalige Workshops genutzt. Selbst Fremdsprachenschulungen finden heutzutage online in virtuellen Klassenräumen statt, ohne dass man die Teilnehmer jemals zu Gesicht bekommt.

Der junge, moderne Mensch mag diesen einstmaligen persönlichen Zusammenhalt als spießig und veraltet abtun. Trotzdem fehlt ein wirksamer Ersatz für die Geborgenheit der Gemeinschaft Gleichgesinnter. Die Gesellschaft individualisiert, der Alltag wird anonymer, viele Menschen fühlen sich einsam, unverstanden, innerlich kalt, sogar bei körperlicher Anwesenheit anderer Menschen, und verlieren so allmählich das Interesse an ihnen, büßen an Empathie ein.

Immer weniger Mitarbeiter trauen sich öffentlich noch herzhaft laut zu lachen, auch aus Angst, den Eindruck zu erwecken, all die Anforderungen und Probleme nicht ernst genug zu nehmen, selbst nicht ernst genommen zu werden. Viele machen einen Bogen um das Büro, in dem laut gelacht wird. Früher hieß es: Lachen steckt an. Bald könnte es heißen: Lachen ist geschäftlich nicht korrekt, wirkt neurotisch, mobbt andere, macht jene depressiv, die schon lange nichts mehr zu lachen haben. Früher hieß es außerdem: Lachen, bis der Arzt kommt. Bald könnte es heißen: Lachen, bis die Personalabteilung vorlädt. Oder: durchhalten, ohne zu lachen, bis der Arzt dann wirklich kommt, nur diesmal mit der Zwangsjacke.

> *„Kennst du diesen neuartigen Roboter, der auch Fenster putzen kann?" „Nein, aber den brauchen wir dringend: Bei uns in der Firma hat fast jeder eine Scheibe."*

Könnte man denn Lachen, Dauerlächeln, Witz und Humor einfach so verordnen? Richten Humortrainer, Humorratgeber und Humorseminare etwas aus? Nicht nur den kleinen Schreibtisch-Angestellten in Unternehmen und Behörden vergeht nämlich der Humor. Ebenso sind Führungskräfte, Verkäufer und Betreuer zunehmend davon betroffen. Mitarbeiter amerikanischer Großunternehmen, die der Arbeitsvertrag zum Lustigsein verpflichtet, verzweifeln laut Studien auf Dauer eher daran, können irgendwann, wie ausgebrannte Gagschreiber, authentisch nicht mehr lachen. Das liegt womöglich daran, dass sie den Humor nicht wirklich wollen und persönlich leben, nur als unliebsame Aufgabe, Anstrengung, als Job verstehen.

> *Umfrage: Jeder Vierte geht nicht zur betrieblichen Weihnachtsfeier …. Wozu auch? Kaffee, Kekse und blöde Überraschungen gibt's täglich im Büro.*

So lässt sich Humor tatsächlich weder auf die Tagesordnung setzen, von oben befehlen oder an Bonuszahlungen knüpfen noch mit Rollenspielen und Handlungsanweisungen durchdrücken. Entweder man hat Humor, oder man versucht, ihn zu durchschauen, versucht zu verstehen, wie er funktioniert und kann damit auch seinen spontanen Humor entwickeln. In beiden Fällen aber muss man besonderen Wert auf ihn legen, Spaß an ihm haben, sich für seine Mitmenschen interessieren, Befriedigung darin finden, sie zu erheitern und sich selbst dabei zu gefallen. Denn eines ist klar: Mit Humorlosigkeit werden wir unseren Alltag, wenn der sich so weiterentwickelt in Richtung Arbeitsverdichtung, Stress und Unberechenbarkeit, nicht lange mehr verkraften, ohne seelisch und körperlich weiter Schaden zu nehmen. Über das Irrenhaus Büro und ähnliche Orte der Ignoranz unserer Arbeitsleistung gibt es nicht von ungefähr diese zynischen Bücher und bissigen, satirischen Artikel.

> *Der Fortschritt der Menschheit besteht in der Zunahme ihres problematischen Charakters.*
>
> *Egon Friedell*

Studien bestätigen, dass Menschen mit zweifelhafter Persönlichkeit schneller Karriere machen. Nach eigenem

Gefühl kann dem sicher jeder zustimmen, der das Vergnügen bereits mit verschiedenen Vorgesetzten hatte. Während noch vor wenigen Jahren die Sache anders aussah, werden Chefs inzwischen zur ernsthaften psychischen Bedrohung. Und sie kommen nicht nur durch damit, sie werden für das Unternehmen nach dem Kriterium unangenehmer Eigenschaften regelrecht ausgesucht und befördert: Wer kein Gewissen hat, kein Herz zeigt, sich selbstgefällig in den Vordergrund schiebt, sich nie infrage stellt, stattdessen für unwiderstehlich hält, sich genüsslich selbst reden hört, alles besser weiß, andere gern belehrt, deren Meinung letztlich nicht akzeptiert und ein Kontrollfreak ist, hat das beste Zeug zum Chef. Wohl daher sind laut Umfragen 80 Prozent der deutschen Arbeitnehmer mit ihren Vorgesetzten unzufrieden.

> *„Hast du schon von der neuen Studie gehört? Mitarbeiter verheimlichen oft psychische Erkrankungen.“ „Ja, stimmt, vor allem die ihrer Chefs.“*

Ob Konzern-Boss, mittleres Management oder Firmeninhaber – sie alle mögen intelligent und charmant auftreten, brillant reden können, tatkräftig und unterhaltsam sein, unerschütterlich an sich glauben: Häufig handelt es sich dabei jedoch um selbstherrliche, chronisch sich überschätzende, manipulative und gefühlskalte Geister, die immensen Druck gegen andere aufbauen und ihre Machtgier ohne jegliche Empathie und soziale Verantwortung ausleben. Viele von denen sind Narzissten, einige Psychopathen, und man lässt sie gewähren, da sie auf die Schnelle das Letzte für die Steigerung von Umsatz, Gewinn und Marktanteilen aus den Untergebenen herauspressen, rücksichtslos die Kosten senken.

Solche Typen sind dynamisch, forsch und hemmungslos, riskieren viel, schämen sich nie, haben ein erstaunliches Gedächtnis, glänzen mit Fakten und Zahlen, können gut formulieren. Aber rundum intelligent und kreativ sind sie nicht. Denn im Grunde stolpern sie regelmäßig über ihre Eitelkeit, weil sie die eigene Macht spüren wollen, nie genug davon bekommen, Angst um sie haben, sie verteidigen müssen, sie deshalb wie Süchtige ständig anwenden, ausleben, genießen, missbrauchen und dadurch Probleme mit ihrer Mitte, ihrer Erdung, ihrem gesunden Menschenverstand bekommen. Obendrein ist es bequem und macht ihnen Spaß, die bürokratische Flut von Vorschriften auf Untergebene stur anzuwenden: Umsatz-, Gewinn- und Kostenpläne etwa oder Dienstanweisungen, Unternehmenshandbücher, Ethikregeln, Comliance-Richtlinien, Stellenbeschreibungen, Preislisten und Dienstreiseanordnungen.

Als Gegenleistung für ihren oft bedenklichen Job genießen sie es, ihre Mitarbeiter an der kurzen Leine zu halten, sie zu kontrollieren, zu überwachen, zu belehren, sie sich verpflichten und sich regelmäßig Rechenschaft von ihnen geben zu lassen, sie zu quälen mit Teamsitzungen, Telefonkonferenzen, persönlichen Aktionsplänen, Konzepten, Excel-Tabellen, PowerPoint-Präsentationen, Monats- und Jahresvergleichen, Soll-Ist-Abweichungen, Zertifizierungen, Selbsteinschätzungen und Mitarbeitergesprächen.

„Einer Studie gemäß sollen deutsche Arbeitnehmer sich zunehmend gestresst fühlen." „Wie wahr: Ständig kommt mein Chef vorbei und weckt mich."

Als Untergebener braucht man für all das ein dickes Fell. Und von Zeit zu Zeit sollte man sich locker und nicht alles mitmachen, nicht jedes Übel an sich heranlassen, besonnen wehren können, einiges weglachen. Hervorragend dazu taugt Humor, sowohl der zwischen sich quälenden Kollegen als auch jener im Verhältnis zum Vorgesetzten. Allerdings gilt es, diesen Humor mit besonderem Fingerspitzengefühl anzuwenden. Denn einerseits kann guter Witz und Humor zum richtigen Zeitpunkt wunderbare Effekte erzielen. Andererseits sind Belastung, Ärger, schlechte Laune, Neid und Missgunst der Leute oft stärker, sind Vorgesetzte empfindlich und voreingenommen und versuchen, ein Scherz- und Spottmonopol für sich allein zu etablieren.

Doch nicht nur die untergebenen, ebenso sind leitende vielfach selbst leidende Mitarbeiter, die mit den eigenen Neurosen und denen der anderen klarkommen müssen, zumal fast jeder Chef noch jemanden über sich zu sitzen hat. Überhaupt alle Unternehmer, Selbstständigen, Freiberufler und Manager brauchen eine humorvollere Kommunikation, um dem wachsenden Druck der Märkte, der Unsicherheit der Globalisierung und politischen Situation sowie der angespannten Stimmung in der Wirtschaft psychisch standzuhalten: Damit sie nicht die Lust am Geschäft, ihren Biss und ihre Kreativität verlieren, und vor allem nicht die Freude am Umgang mit Menschen: mit Geschäftspartnern, Mitarbeitern, Kunden und weiteren Vorgesetzten.

Wenn selbstverliebte Führungskräfte schwierig sind, Charisma besitzen und Visionen entwickeln, muss das aber nicht gleich ein Fall für den Therapeuten sein, bei untergebenen Mitarbeitern nicht immer negativ ankommen: Kraft dieser Eigenschaften können Chefs auch begeistern, anstecken, mitreißen, motivieren – mit Humor versehen, umso mehr. Und noch aus anderem Grund braucht der Vorgesetzte seinen Humor: Nach dem Abflauen der anfänglichen Karriere-Euphorie, die maximal drei Jahre andauert, beeinträchtigt ein Aufstieg im Beruf die psychische Gesundheit. Der Grund hierfür liegt neben dem Druck der höheren Verantwortung in längeren Arbeitszeiten und gesteigertem Stress.

„Kennen Sie schon die neue Studie? Danach drohe jedem siebten Arbeitnehmer in Deutschland die Arbeits-Sucht." „Kommt mir bekannt vor: Wenn mein Chef wie verrückt für mich nach Arbeit sucht."

Unsere zunehmende seelische Lädierung rührt jedoch nicht allein aus dem Verhältnis zwischen Vorgesetzten und Untergebenen. Die Hölle bereiten sich Menschen genauso gern auf gleicher Ebene: mit ihrem Übereifer, Karrierismus und Opportunismus, ihrer Unlust, Ignoranz, Selbstsucht, Wichtigtuerei und Rivalität. Das hat mit einem Teil des menschlichen Wesens zu tun, den die Ökonomisierung unseres Lebens, vorzugsweise in der Arbeitswelt, leider Gottes weiter begünstigt. Dieses Wesen bleibt zwiespältig, wie es ist, wie wir alle sind, womöglich auf ewig: intelligent und blöd, gesittet und triebhaft, sachlich und emotional, planvoll und chaotisch, ehrgeizig und träge, spontan und zwanghaft, geizig und verschwenderisch, wissbegierig und ignorant, misstrauisch und leichtgläubig, gönnerhaft und gierig oder auch friedliebend und bösartig.

> *Laut Studie verbringen Angestellte pro Tag zwei bis drei Stunden im Job mit Privatkram …. Ich nicht: Ich tratsche in dieser Zeit mit Kollegen.*

Deshalb hat es ein Vorgesetzter oft nicht schwer, einen Keil zwischen die untergebenen Mitarbeiter zu treiben, damit die sich bloß nicht gegen ihn verbünden: Dazu zählen Geheimwaffen wie die Ungleichbehandlung durch Sonderaufgaben mit mehr Verantwortung und vermeintlichem Vertrauen oder vage Versprechungen, Karriereaussichten, selektives Lob, Sonderzahlungen, in Aussicht gestellte Gehaltserhöhungen oder wechselnde Arbeitsplätze. Für kleine Privilegien ist der Deutsche bereit zu morden, zumindest seine Großmutter zu verkaufen, regelmäßig auf das Abendessen mit den Kindern und Humor mit Kollegen zu verzichten. Einige wachsen über ihre Kollegen hinaus und informieren den Vorgesetzten rechtzeitig über neueste Trends aus den unteren Etagen. Studien haben ergeben, dass wir den beruflichen Mitstreitern keine Gehaltserhöhung gönnen, solange sie höher ausfällt als unsere, selbst wenn wir dabei komplett leer ausgehen.

Der neue Mitarbeiter wird durch die Konzernzentrale geführt: „Verzeihung, wo bitte sind die Toiletten?" „Gibt es nicht, hier bescheißt jeder jeden."

Um sowohl unser zwiespältiges Ich in den Griff als auch mit den unliebsamen Erscheinungen, ständig steigenden Anforderungen und unberechenbaren Veränderungen dieses Lebens unter einen Hut zu bekommen, brauchen wir nicht nur politische, rechtliche, soziale und moralische Regeln und Instanzen, sondern mehr denn je eigene psychologische Mechanismen. So können wir unser widersprüchliches Wesen ohne größeren Knacks besser ausleben.

Eigener Witz und Humor sind solche Mechanismen: Sie bedienen und entspannen unsere ambivalente Natur, da sie genauso zwiespältig sind, gedanklich wie emotional. Mit Humor ist mehr erlaubt, wird eine Menge entschuldigt. Denken Sie an die Promis mit ihren Macken und Skandalen: Von denen, die öfter mal durch Fettnäpfchen waten, rutschen allein diejenigen peinlich aus, denen der Haltegriff des eigenen Humors fehlt. Bei aller Eitelkeit, allen Fehlern und Konflikten, bei aller Verzwicktheit, allem Chaos, Übermut und Scheitern kommt es letztlich darauf an, das Leben und sich selbst nicht zu ernst zu nehmen. Von den Promis und ihrem Auftreten in den Medien können wir lernen: Sie mögen noch so skandalträchtig, so aufgeblasen, überdreht, egozentrisch, dümmlich, hemmungslos, dekadent, unzuverlässig, chaotisch, versoffen, abgewrackt, unverschämt reich, gierig, verschwenderisch, arrogant oder kriminell sein – oft umgibt sie etwas Magisches. Und zu tun hat das nicht nur mit dem Riesenvermögen, mit Bekanntheit, Marktwert, Ruhm, Aussehen, einer Villa am See oder Yacht vor der Küste: Nicht selten wird dieser Glamour von Witz und Humor getragen.

Humor ist Persönlichkeit, Humor ist Aufmerksamkeit, ist Sympathie und Leichtigkeit, ist Weisheit, Verständnis, Trost und Schutz. Humor ist Spaß und Erfolg, Humor schafft Erfolg. Und Humor hat Recht, denn er ist die am besten erträgliche Wahrheit über den tiefen Zwiespalt des Menschen, die einzige Möglichkeit, mit unseren Mitmenschen in Sekundenschnelle wie auf Dauer besser klarzukommen.

Warum unser Humor uns glücklich macht

Der Traumpartner oder Urlaub, Wochenende, Faulenzen, Schönheit, Jugendlichkeit, Ruhm, Sex, Kinder oder beruflicher Erfolg – sind dies vielleicht Ihre Glücksfavoriten? Oder eher das eigene Haus, das neue Auto, viel Geld, edler Wein, mehr Geld, modische Kleider, teure Anzüge, neue Schuhe, kostspieliger Schmuck, noch mehr neue Schuhe?

Jeder Mensch hat sein Glückspotenzial, das zu 50 Prozent genetisch bedingt ist. Von den anderen 50 Prozent, die wir selbst in der Hand haben, sind lediglich 10 Prozent von genannten Dingen abhängig. Den weitaus größeren Anteil bestimmen wir durch unsere täglichen Gedanken und Gefühle in der Auseinandersetzung mit unserer Umwelt, durch die Art der Verständigung mit unseren Mitmenschen.

Glück empfinden wir demnach viel schneller, häufiger und kostengünstiger in den kleinen Dingen des Lebens, solange wir sie uns nicht vom täglichen Ärger, von Vergleichen, Neid, Gier und zu hohen Ansprüchen vermiesen lassen. Ein Hindernis besteht ebenso darin, dass wir unser Glück meist an Bedingungen knüpfen, einen anderen Partner, den richtigen Job, nettere Kollegen, weniger Arbeit, schöneres Wetter und mehr Freizeit. Entweder hatten wir das bereits und trauern dem nach, oder wir warten ewig auf bessere Zeiten, unfähig den Moment zu genießen, uns am Erreichten zu erfreuen.

Wenn eine Chance aufkeimt, natürliches Glück zu erfahren, sollten wir sie mit anderen Menschen teilen, denn von Natur aus sind wir Herdentiere: Erfreuen wir andere Menschen, fällt deren Freude auf uns zurück. Nur stehen wir damit vor der Herausforderung, nicht einfach klarzukommen mit uns selbst und anderen Menschen. Wir müssen uns reiben, müssen einen Spagat schaffen: uns auf der einen Seite mit ihnen gleich fühlen, uns auf der anderen von ihnen unterscheiden, unsere Identität abgrenzen.

Das Glück besteht darin, zu leben wie alle Welt und doch wie kein anderer zu sein.

Simone de Beauvoir

Und hier kommt der Humor ins Spiel: Denn sowohl Glück als auch Humor sind komplexe Phänomene, für die es keine genaue Erklärung gibt. Beide entstehen im Kontrast zu den Strapazen des Lebens, sind flüchtig, existieren für Momente. Sie betreffen hauptsächlich die kleinen Dinge, haben mit Stimmungen und Situationen, mit subjektiver Wahrnehmung, Spaß, Entzücken, Genuss, Lust, Zufall und Überraschung zu tun.

Dabei kommt es auf das richtige Verhältnis von Autonomie und Gemeinschaft an, auf Distanz und Nähe, Geltung und Zurückhaltung, Selbstwert und Demut, gesunder Eigenliebe und Uneigennützigkeit. Das heißt, der einzelne Mensch muss sich in die Gemeinschaft integrieren, ihr etwas geben, aus ihr einen Nutzen ziehen und sich von ihr abheben, muss ein unverwechselbares Profil zeigen, sich beweisen und nach eigenen Vorstellungen ausleben, sonst kann er nicht glücklich werden.

Einen Großteil des Glücks finden wir insofern in sechs Bereichen, die wie Ebenen einer Pyramide aufeinander aufbauen und damit bereits einen engen Bezug zum

Humor erkennen lassen:

Erstens: Wir fühlen uns in der Gemeinschaft sicher und geborgen, gehören dazu, werden verstanden, uns wird geholfen, wir helfen anderen, sind empathisch und erfreuen sie. Wir empfinden und erfahren Zuneigung.

Zweitens: Wir leiden nicht unter unseren Hemmungen, Ängsten und Schamgefühlen, stehen zu unseren Fehlern, Schwächen und Irrtümern.

Drittens: Wir leben nicht in der Vergangenheit oder Zukunft, erleben das Schöne in Natur und Kunst der Gegenwart, halten inne, finden Muße und Entspannung, spüren Lust und genießen den Moment.

Viertens: Wir nehmen uns nicht zu ernst, müssen uns nicht wichtig tun und größer machen, können über uns lachen, sind optimistisch, lebendig, kommunikativ, aufmerksam, rücksichtsvoll, tolerant und neugierig. Wir zeigen Leidenschaft, lassen uns gern verblüffen, vergleichen uns nicht mit anderen, sind nicht nachtragend und nicht auf Vergeltung aus. Wir sind dankbar und wertschätzen, was wir erreicht haben, kontrollieren unsere Triebe und Bedürfnisse. Wir stellen uns den Herausforderungen des täglichen Lebens, gehen Risiken ein, können uns selbst motivieren, lernen und erfahren unaufhörlich Neues, überschreiten auch mal die eigenen Grenzen, entwickeln uns weiter, halten uns körperlich und geistig fit, können uns regelmäßig entspannen. Wir lassen Emotionen zu, hören auf unser Gefühl, sind kreativ, können uns mit kleineren Fortschritten und Erfolgen begnügen. Wir hegen keine zu hohen Ansprüche und Erwartungen gegenüber anderen, buhlen nicht andauernd um deren Anerkennung.

Fünftens: Wir fühlen uns souverän, gelassen und unabhängig, müssen anderen nicht immer etwas beweisen, nicht allen alles recht machen wollen, sind nicht fremdbestimmt, nicht ständig auf Respekt und materiellen Reichtum aus, können nein sagen. Wir wissen, was wir wollen, setzen uns realistische Ziele, schaffen Freiräume, uns zu verwirklichen, leben unsere Individualität, unsere

Neigungen, Talente und Träume aus.

Sechstens: Anderen Menschen gegenüber halten wir uns auf mindestens einem Gebiet für überlegen. So fühlen wir uns zum Beispiel attraktiver, klüger, erfahrener, fähiger, informierter, fleißiger, gesünder, fitter, erfolgreicher, angesehener, cleverer oder mächtiger und sind stolz darauf, werden bewundert dafür, beneidet, begehrt oder gar gefürchtet.

Siebtens: Wir halten uns nicht nur für überlegen, darüber hinaus empfinden wir zuweilen sogar Schadenfreude. Voraussetzungen für ein Glücksgefühl sind jedoch: Der Schaden hält sich in erträglichen Grenzen, kann vom Opfer gut verkraftet werden, und das Opfer hat den Schaden verursacht oder die Schadenfreude wegen seines Fehlverhaltens verdient.

Viele Menschen versäumen das kleine Glück, während sie vergebens auf das Große warten

Pearl S. Buck

Die sieben Bereiche folgen einer gewissen Hierarchie erkennbar: vom Glück in der Gemeinschaft als der Basis bis hoch zum abgrenzenden Glück der einzelnen Persönlichkeit. Vielen Menschen genügen fürs Glück die ersten beiden Stufen, während andere gleich auf die fünfte, sechste oder siebte springen wollen und oft zu spät bemerken, dass sie ihr Glück dort allein nicht finden. Die dritte und die vierte Stufe werden generell unterschätzt. Die siebte Stufe ist die am einfachsten zu erlangende, aber sie ist etwas getrübt, extrem flüchtig und eventuell mit Nebenwirkungen verbunden, da sie auf Kosten anderer Menschen geht. Deshalb wird sie als Glücksfaktor kaum irgendwo genannt, teilweise nicht mal die sechste Stufe.

Im Interesse Ihres Glücks sollten Sie sich dennoch von solchen Tabus befreien, da sie als eigene innere Schranke Ihren Humor nur behindern. Wenn Sie ehrlich sind, praktizieren Sie einiges oder alles davon bereits ein Leben lang. Wer tratscht nicht mit Vergnügen, zieht nicht mal über andere her, fühlt sich anderen nicht gern überlegen, genießt die Schadenfreude? Erkennen Sie mit ruhigem Gewissen ebenso die sechste und siebte Stufe als legitime Glücksbringer also für sich an. Ihre Seelenhygiene vertraut allemal und schon immer darauf, für den Humor sind sie eine Bedingung.

Viel zu oft unterdrücken wir den Ärger über unsere Mitmenschen, sagen wir ihnen nicht, wie sehr sie uns gegen den Strich gehen und nerven. Heimliche Schadenfreude ist da ein entlastendes Ventil, korrespondiert mit all den zwiespältigen, nicht zu verhindernden typisch menschlichen Gegebenheiten wie Machtgehabe, Arroganz, Egoismus, Rücksichtslosigkeit, Gier, Hochmut, Anbiederung, Neid, Missgunst, Eitelkeit und Ignoranz. Doch trifft die Schadenfreude längst nicht nur Chefs, Ex-Partner, Politiker oder andere Promis, selbst Familie und Freunde bleiben nicht verschont. Einschlägige Sprüche dazu klingen böse, sagen aber die Wahrheit, wenn auch nicht die ganze, nicht die auf Dauer allein glücklich machende:

Glück ist, wenn das Pech die anderen trifft.

Horaz

An anderer Pech sich zu erfreuen, hilft das eigene Glück erneuern.

Emanuel Geibel

Damit wären wir wieder beim Humor und der Frage, welchem der Glücksfaktoren unser Humor zugrunde liegt. Hier die einfache, aber sensationelle Antwort: Mit sämtlichen sieben Stufen. Die ersten drei sowie die sechste und siebte betreffen zunächst unseren Humorkonsumenten: Der amüsiert sich, fühlt sich pudelwohl, weil zugehörig zur Gemeinschaft der Familie, Partnerschaft, Freunde oder Kollegen, verliert seine Hemmungen und vergisst seine

Schwächen, ist angenehm überrascht, erfreut sich an der Kunst der Komik und erlangt Abstand zu den täglichen kleinen Sorgen. Besonders aber fühlt er sich aufgewertet durch die Herabsetzung der Zielscheibe, die es in jedem Humor definitiv gibt, real existierend, fiktiv oder vage vorstellbar, später dazu mehr.

Für uns als Humorist kommt gegenüber dem Konsumenten unseres Humors noch einiges hinzu: Wir profitieren sage und schreibe in allen sieben Bereichen. Es gibt nur wenige Dinge auf der Welt, mit denen sich so etwas bewerkstelligen lässt, vor allem so schnell und Geld sparend: Unser Witz und Humor hilft anderen, erzeugt zwischen uns und unserem Humoradressaten gleichfalls ein Gemeinschaftsgefühl. Wir flirten mit den eigenen Sorgen, Ängsten, Lastern und Mängeln und denen der anderen und veredeln sie dadurch zum Spielzeug unseres inneren Narren. Wir fühlen uns zugehörig als auch überlegen, genießen die Rolle, „wie kein anderer zu sein" und kosten unsere Leistung aus, andere Menschen amüsieren zu können. Wir sind Schöpfer origineller Ideen und ernten dafür Sympathie.

Darüber hinaus belohnt uns unser Gehirn stets dann mit einer Extraportion Glückshormonen, wenn wir Neues erleben. Haben wir das Neue obendrein selbst entdeckt, erfunden, geschaffen, ist der Kick umso stärker. Dabei macht es keinen gravierenden Unterschied, ob wir uns die heiteren Resultate in Ruhe ausdenken, oder ob wir in Echtzeit mit spontanen Scherzen, Situationskomik und Schlagfertigkeit glänzen.

Glücklich ist, wer nie verlor im Kampf des Lebens den Humor.

Da die besten Glücksgefühle in der Gemeinschaft von Menschen entstehen und ansteckend wirken, werden diejenigen, die das erkannt haben, sich nur mit glücklichen Menschen umgeben wollen. Sollten also Mitmenschen auf Abstand zu Ihnen gehen oder Sie das instinktiv bei anderen tun, müssen Sie sich fragen, ob es vielleicht an Lebensfreude und Ausstrahlung mangelt. Humor hilft hier in den meisten Fällen sofort: Mit Humor machen wir uns und andere dreifach, oft vierfach glücklich:

Zum Ersten ist das Lachen oder Lächeln der anderen verdienter Applaus und somit Balsam auf unsere Seele. Zum Zweiten strahlt das mit unserem Humor erzeugte Gefühl der anderen auf uns zurück. Zum Dritten wird unser Verdienst, etwas Neues kreiert zu haben, zusätzlich belohnt. Viertens reagieren unsere Mitmenschen eventuell genauso mit Humor, der wiederum uns erfreut. Und da Lachen bekanntlich ansteckt, entspannt und kreativ macht, weiten sich die humorvollen Reaktionen möglicherweise eigendynamisch aus.

Das Glück kommt zu denen, die lachen.

Japanisches Sprichwort

Bei all der notwendigen Interaktion zwischen uns und den anderen Menschen, bei all dem Glückspotenzial der menschlichen Gemeinschaft sollten wir allerdings nie vergessen, dass eine entscheidende Voraussetzung unseres Glücks darin besteht, erst einmal uns selbst zu mögen. Keine Partnerbeziehung, keine Freundschaft und kein materieller Reichtum werden uns je glücklich machen, solange wir uns nicht auf irgendeinem Gebiet gefallen. Unser Aussehen, unsere Bildung, unsere Erfahrungen, besondere Fähigkeiten, Engagement, Leistung im Privaten wie im Beruf, Sportlichkeit, Kinder oder Macht können dem zugrunde liegen.

Unerheblich ist dabei, ob das amtlich bestätigt ist, andere über uns sagen oder getragen wird vom unerschütterlichen Glauben an uns. Vordergründig geht es jedenfalls nicht darum, anderen zu gefallen, ihnen etwas zu geben. Zuallererst braucht unser persönliches Glück eine Portion gesunde Eitelkeit und Eigenliebe. Gerade daran müssen viele Menschen arbeiten, wenn sie ihr Glück finden wollen. Der eigene aktive Humor ist hierfür ein leicht zu beschaffender Glücksbringer.

Wer später stirbt ist kürzer tot

Wie nie zuvor ist unsere moderne Gesellschaft durch das Bestreben geprägt, möglichst gar nicht oder langsamer zu altern. Gekommen ist das wohl durch die Beispielwirkung der Medien und betuchter Promis, durch fortwährende Verheißungen auf endloses Wachstum, üppigen Konsum, ständig neue Kicks und Abenteuer ohne Altersbeschränkung. Die Marktwirtschaft hat sich zu einer Marktgesellschaft aufgebläht, lebt in sämtlichen Bereichen von Konsum und Verkauf. Im Angebot und für Geld zu haben ist fast alles für ein vermeintliches Glück. Altern und Sterben sind da nicht gefragt, nicht angesagt, nicht wettbewerbsfähig. Der Gesundheits-, Anti-Aging- und Schönheitsmarkt verheißt ähnlich satte Gewinne wie die Alterskrankenmedizin.

Doch nicht nur die alterslosen, sich in großen Teilen immerfort verjüngenden Promis aus Film und Fernsehen sind davon betroffen. Zunehmend verfällt der Durchschnittsbürger diesem Wahn. Weniger Wert, da nicht gesellschaftsfähig, attraktiv, vertrauenswürdig, partnerschaftstauglich und für Karrieren geeignet soll er sein, will man ihm suggerieren, wenn die Idealmaße samt makelfreiem Gesicht fehlen. Gilt bald das Casting-Einheitsmaß? Keine Fettpolster, keine Lachfalten, kein Alter, keine Kinder? Dafür die ewige Jugend und Schönheit mittels so unsinniger wie unsinnlicher, teils maroder Silikonkissen und fetttriefender Absaugschläuche oder Injizierens der giftigsten Substanz der Welt, wozu inzwischen auf Errungenschaften wie Botox-Flatrates, Botox to go und Botox-Partys zurückgegriffen wird. In den letzten zehn

Jahren sind Botox-Anwendungen um sage und schreibe 400 Prozent gestiegen.

Amerikanerinnen lassen sich die Füße operieren, um in extreme High Heels zu passen. In Japan und Indien ist das chemische Aufhellen der Haut ein Riesenmarkt. Nach Intim-Piercing, Vaginalstraffung, G-Punktaufspritzung und Schamlippenverkleinerung wird in den USA das Anal-Bleaching immer beliebter – noch Fragen?

Am Ende schlurfen wir als modisch gepimpte Zombies mit geklonten Ersatzorganen, Schlauchbootlippen, Hightech-Gebiss, künstlich verdichtetem Einheitshaar und vornehm-hellhäutigem Darmausgang durch die vollklimatisierten Megaeinkaufsparadiese, um die letzten wenigen Rentenversicherungszahler zittrig zu umzingeln und vom Auswandern abzuhalten, damit wir uns zu Weihnachten noch Antidepressiva und zu Ostern mal Viagra leisten können.

Neue psychologische Studie: Muskelsucht bei Männern ähnle Magersucht bei Frauen. Zumindest an einer Stelle.

Der Mensch ist nicht nur verrückt, er ist auch sein eigenes Kopfdilemma: Als die sich selbst bewusst gewordene Krone der Evolution, intelligent und vernunftbegabt, kann er sich viele Dinge um sich herum nicht logisch, nicht rational erklären. Das begann in grauer Vorzeit mit den Naturgewalten und ging bis heute weiter mit Fragen nach dem Schöpfer und wer den erschaffen haben könnte, nach der angeblichen Endlichkeit des Universums, nach dem Sinn des Lebens, dem Verhältnis von Arm und Reich, Markt und Staat, Freiheit und Sicherheit oder Mensch und Maschine und weshalb man zulässt, dass so viele Wale und Elefanten abgeschlachtet werden oder Ärzte Angst haben, zu einem Arzt zu gehen, den sie ihren Patienten empfehlen.

Oder weshalb der Mensch trotz seiner intellektuellen Fähigkeiten oft dermaßen verblödet daherkommt, wie kein

Tier es je tut, und seelisch leidet, wie kein Tier es je muss. Auch die Rätsel, wie Männer ticken und was Frauen wollen, wie eine Partnerschaft langfristig funktioniert, oder warum der Akku meines Smartphones schon wieder leer ist, gehören dazu.

Und wieso quälen wir uns humorlos herum, in der Schule bereits mit seltsamen Lehrern, hetzen und putschen uns auf, dass wir abends vor dem Fernseher die Augen nicht mehr offenhalten können? Weshalb lassen wir uns den ganzen Blödsinn gefallen, den Spaß verderben, denken uns eigene Götter aus, glauben nicht an die der anderen, beugen uns irgendwelchen Propheten, verzichten zu oft auf Entspannung, Freude und Genuss, echauffieren uns stattdessen über die komischen Nachbarn, entwickeln uns mühevoll weiter, lesen, lernen, informieren uns, als wär's für die Ewigkeit, jagen entwürdigend dem Geld hinterher, unterwerfen uns der Mode, verzweifeln an der Liebe, verletzen Menschen, zerstreiten uns mit Ihnen, mähen andauernd den Rasen, lassen uns teuer die Zähne machen, wenn am Ende nichts davon bleibt, wir alle gleich dumm dastehen beziehungsweise liegen, nicht mal unseren Tod erleben werden?

Alles für die Kinder, für künftige Generationen? Schön und gut, aber denen wird es ergehen wie uns: Auch sie müssen Strategien nutzen, um klarzukommen mit der unendlichen menschlichen Dummheit und der eigenen Endlichkeit. Und ob die Welt jemals besser wird, tatsächlich fortbesteht, erscheint oft fraglich.

> *Kann man denn, alternd, überhaupt etwas anderes sein als Humorist?*
>
> *Arno Schmidt*

Können wir ohne Tragik, Pathetik und Himmelsmärchen gutheißen, dass unsere einzigartige Persönlichkeit mit dem Ende der rein körperlichen Hirnfunktionen tatsächlich auf ewig ausgelöscht sein wird? Auch wenn wir wissen, dass wir abtreten müssen, glauben wir die meiste Zeit nicht wirklich daran. Im tiefsten Innern hoffen wir, dass alles so weitergeht. Wir glauben an eine Existenz ohne Zeitbewusstsein, da wir uns deren Ende nicht vorstellen können, nicht wahrhaben wollen, es sinnlos, ungerecht und todtraurig finden.

Wir sind Produkt und zugleich Opfer der Evolution: Sie hat etwas Großartiges erschaffen, nämlich uns. Nur mit dem eingebauten Fehler, dass sie uns wieder gehen lassen muss, damit sich das Leben weiterentwickeln kann, wohin auch immer. Wenn wir uns dieser flüchtigen Existenz als winziges Bläschen im Raumzeitschaum des seit dreieinhalb Milliarden Jahren währenden Kommens und Gehens unzähliger Trillionen einzigartiger Wesen ständig bewusst wären, wenn wir täglich ernsthaft darüber grübeln würden, um einen Sinn, einen Antrieb, ein Ziel, einen dauerhaften Nutzen für uns selbst darin zu entdecken, müssten wir jede Überzeugung, jede Hoffnung, jeden Glauben, jeden Spaß am Leben verlieren.

Der Count-down piept unaufhörlich, ist so bald nicht aufzuhalten, das Ende ist vorprogrammiert, die Zeit läuft unaufhaltsam in diese eine brutale Richtung. Und je weniger Zeit wir haben, desto schneller vergeht sie. Das Bläschen unseres einmaligen Ichs wird platzen, ohne dass der große Schaum auch nur einen Moment wackelt, ohne dass wir wissen werden, was das mit dieser kurzen Episode unserer Existenz sowie mit der Evolution überhaupt sollte, ob das Ganze eher zufällig geschieht oder irgendeinem Plan, einer Logik folgt.

Und eigentlich reicht es jetzt auch: Zumindest wir selbst sind relativ klug, zivilisiert, einsichtig, friedfertig und zu allen Fortbildungsmaßnahmen bereit, verwenden sogar Zahnseide. Daher könnte die Evolution endlich mal ein Auge zudrücken, um unsere auf ewig offenzuhalten. Zur Not würde ich sogar aufs Weihnachtsgeld verzichten und mir Volksmusiksendungen anschauen.

Humor ist der Triumph eines von der Leine gelassenen Glaubens über unsere auf Logik, Vernunft und Wissen basierenden Erwartungen.

Der Mensch ist ein Meister im Verdrängen, deshalb kann er mit seiner Endlichkeit leben. Erst recht, wenn er einen Glauben hat, oder Humor, oder beides. Sollten wir aber grundlegende Erfolge in unserem Anti-Aging-Kampf erzielen, das Leben merklich verlängern, das Altern tatsächlich stoppen, sollten wir mit Maschinen verschmelzen, ohne komplett zu verblöden, wird das Verdrängen komplizierter. Zwar ergäbe die bisherige Evolution als Endpunkt einen Sinn für uns persönlich, doch stünde die Höherentwicklung des menschlichen Lebens als Ganzes auf der Kippe. Und wir hätten deutlich mehr Angst vor Unfällen, Überfällen, Stromausfällen, Computerviren, neuen Betriebssystemen, teuren Upgrades, fortwährenden Rentenkürzungen oder Heerscharen greiser Geisterfahrer auf Autobahnen, würden leiden unter der ermüdenden Ewigkeit des Seins, könnten mit dem Tod oder irgendeinem anderen siechenden, unendlichen Ende viel weniger umgehen, wären wesentlich neurotischer als wir es heute bereits sind.

Mit dem Tod können wir leben, solange wir nicht selbst betroffen sind.

Humor verdrängt von vornherein solche Flausen, Zweifel und Ängste, ohne Neben- oder Nachwirkungen. Humor ist ein eleganter Weg, sich dem Dilemma zu stellen, auch wenn wir es damit nicht lösen, während alle Beteiligten etwas davon haben, nämlich den Spaß, der uns leichter durchs Leben kommen lässt.

Wenn wir befürchten zu wissen, dass wir sterben, und zugleich daran glauben, es vielleicht nicht zu müssen, weil wir uns möglicherweise einfrieren lassen, mit beinahe Lichtgeschwindigkeit verreisen, geklont oder von Außerirdischen gerettet werden, zeigen wir bereits eine Menge Humor – im Sinne von Hoffnung, der üblichen unrealistischen, übertrieben optimistischen: Denn in dem Fall gehen wir davon aus, dass man in einer fantastischen, stark veränderten, sicher nicht leichteren Zukunft nachsichtig mit uns Gestrigen umgehen wird, wir gleich eine Wohnung ohne Fluglärm mit bezahlbarer Miete in einer der unteren 100 Etagen und einen gut dotierten Work-Life-Balance-Halbtagsjob als Assistent des Hausmeister-Google-Roboters in einem Museum oder einer Moschee finden werden.

Humor ist deshalb noch das beste Anti-Aging-Mittel, indem er das fragile winzige Bläschen stabilisiert, es nach innen frisch und nach außen strahlend hält, es in faszinierenden Farben aus dem Schaum heraus schillern lässt, da Vitalität, Attraktivität und Erfolg vor allem auf Gelassenheit und seelischer Stärke beruhen, also aus unserem Innern kommen.

> *Der Weise ohne Humor ist undenkbar, weil er weiß, dass es Wissen über dem Verstande gibt.*
>
> *Carl Ludwig Schleich*

Wie die Endlichkeit unserer Einzelexistenz begreifen wir genauso wenig die Unendlichkeit im großen Ganzen. Da hilft keine Theorie vom Urknall vor 14 Milliarden Jahren als angeblichen Beginn von Materie, Raum und Zeit, soweit der einfachste Glaube an das Davor, Woher, Warum, Drumherum und Wohin fehlt. Wir sind dazu verdammt, nicht zu verstehen, was Unendlichkeit bedeutet, weder im Großen noch im Kleinen, weder im Raum noch in der Zeit. Es gibt unendliche Zahlen, unendliche Annäherung wie auch unendliche Teilbarkeit; Wissenschaftler sollen schon wahnsinnig darüber geworden sein. Andere versuchen, diesen Mangel zu vertuschen mit unverständlichen Abstrakta wie Quantengravitation und Vakuumfluktuation. Dann lieber doch gelassen-humorvoll mit der Unendlichkeit leben oder daran glauben.

So glauben wir insgeheim, obwohl sie nach heutigem Logikverständnis unmöglich sind, an Zeitreisen, weil sie uns faszinieren, eine Sehnsucht bedienen, die Fantasie beflügeln, Stoff für anregende Romane, fesselnde Filme und köstliche Komödien bieten, einfach sensationell wären. Sie würden bei weitem alles übertreffen, was wir je erfahren haben. Zu gern möchte der eine die wilde Vergangenheit samt Vorfahren erleben, während die andere begierig auf die womöglich doch leuchtende Zukunft ist. Manch einer hat das Gefühl, zur falschen Zeit geboren zu sein, anderen fällt es schwer zu akzeptieren, wenn Freunde und Angehörige für immer von uns gehen. Zeitreisen verschaffen das Gefühl zeitloser Existenz: Denn solange aus einer unendlich dauernden fernen Zukunft, in der Zeitreisen vielleicht machbar sind, jemand in unsere Zeit reisen kann, müssen wir schließlich jederzeit verfügbar sein, lebendig, auf ewig, möglichst vernünftig frisiert, mit geputzten Schuhen.

„Wann findet eigentlich das nächste Zeitreiseseminar statt?"
„Vorige Woche Dienstag."

„Guten Tag, es tut mir so leid, während meiner letzten Zeitreise habe ich den Vater Ihrer Frau überfahren." „Welcher Frau?"

Zeitreisen sind das beste Beispiel eines echten Paradox', unvereinbare Gegensätze in sich, nicht zu erklären. Deshalb können wir sie derzeit nur mit Humor vertreten. Oder wollen Sie ernsthaft behaupten, ohne sich lächerlich zu machen, weil Sie es wissen oder daran glauben, es gäbe Zeitreisen? Hundertprozentig ausschließen können Sie Zeitreisen allerdings nicht, genauso wie Ufos, Götter, außerirdische Intelligenz oder telekinetisches Löffelverbiegen.

Und so würde auch jedem anderen Glauben mehr Humor ganz vortrefflich stehen, wie es etwa der 14. Dalai Lama oder jüdische Witze zeigen.

Ein Rabbi sagt zu Gott: „Hilf mir, mein Sohn ist Christ geworden, was soll ich nur tun? Gott antwortet: „Mach dir nichts draus, mein Sohn ist auch Christ geworden." „Und was hast du getan?" „Ich habe ein neues Testament geschrieben."

Am Sabbat bietet ein Jude auf der Straße eine Hose zum Kauf an: „Seht diese herrliche Hose! Zum halben Preis gehört sie euch!" Ein Passant ruft: „Schämt ihr euch nicht, am Sabbat Geschäfte zu machen?" Entgegnet der Händler entrüstet: „Ich biete die Hose zum halben Preis, und der nennt das Geschäft!"

Der buddhistischen Lehre folgend, die davon ausgeht, dass Leiden aus einer falschen Wahrnehmung der Wirklichkeit resultiert, ist Humor eine deutlich geeignetere Variante der Wahrnehmung dieses Leidens.

Doch ob nun Humor statt Glaube oder Glaube mit Humor – während der Glaube unsere metaphysische Neigung bedient, die vermutlich genetisch bedingt ist, beruht Humor in ähnlicher Weise auf einer irrationalen Logik und bizarren Perspektive. Absurd ist Humor nur ein Stück weit, auf jeden Fall nicht mehr als der Glaube. Insofern setzt auch Humor sich über das Wissen hinweg, über das sichere, gewohnte zumindest. Humor behandelt nicht das Unmögliche, nur das Unwahrscheinliche, Unübliche, Unpassende, erhebt es zum Gesetz in seiner eigenen kleinen Glaubenswelt.

Wissen ist ein Ziel des Geists, Glaube ein Weg des Herzens, und da wir glauben, etwas zu wissen und nicht wissen, was wir glauben können, brauchen wir den Humor als dritte, alles verbindende, ausgleichende und mäßigende Weltsicht.

Humor ist wie der Glaube eine typisch menschliche Version der Wahrheit.

Unseren Humor haben wir nötig, um nicht allein mit dem aufgeklärten Verstand und den Fortschritten der Wissenschaft, sondern auch mit Phänomenen wie dem des Alterns, des Todes und der ständigen Abnahme unseres Depotwerts lockerer umzugehen. Humor als wärmendes Herz und spirituelle Dimension inmitten der durch Rationalität, Intelligenz, Wachstum, Marktwert, Wirtschaftlichkeit, Technik und Geld verursachten Kälte. Humor aber ebenso als desillusionierendes und somit neutralisierendes, Vernunft stiftendes Moment unserer natürlicherweise mystifizierenden Neigung. Humor als kollektive Beichte unserer Sünden mit Spaßfaktor.

In der Beichte erzählt die Frau schluchzend, wie brutal ihr Mann sei und gesteht, dass sie schon mal Mordgelüste hatte. Am Ende sagt der Gottesdiener: „Schrecklich, was Sie erdulden müssen, wie kann ich Ihnen nur helfen?" Darauf flüstert die Frau: „Kommen Sie heute Nacht zu mir, dann können wir die Leiche gemeinsam vergraben."

Die Doppelbödigkeit des Humors vereint damit das Göttliche wie das Teuflische in sich: Alles verschmilzt miteinander, verliert an Pathetik und Dramatik: Bosheit und Liebe, Laster und Moral, Dummheit und Genialität, Glaube und Wissen, Verlust und Gewinn, Unterlegenheit und Macht – aufgespießt als pikantes Häppchen der ganz normalen menschlichen Verrücktheit. Humor: die leuchtende Kraft wohltuender Unwichtigkeit der menschlichen Schwächen.

Insofern will uns Humor mit dem höheren Blick einer eigenen Instanz nur sagen: Alles ist halb so schlimm, alles ist menschlich. Und diese Instanz müssen wir nicht irgendwo weit draußen wähnen, sie existiert real, wir haben sie in uns: den so weisen wie kindischen und sinnlichen Narren, der Himmel und Hölle und das Leben samt Menschen, Politik, Job, Geld, Alter, Krankheit und Geschlechterzwist nicht so ernst nimmt, sich selbst erst recht nicht, und in Verbindung mit dem eigenen Schöpfertum dadurch zum täglichen kleinen Retter unserer Seelen wird.

Ich hab es öfters rühmen hören, ein Komödiant könnt einen Pfarrer lehren.

Johann Wolfgang von Goethe

Geschlechteralarm

Den weisen, kindischen, sinnlichen Narren brauchen wir nirgendwo so dringend wie in der Geschlechterbeziehung: Dort, wo die traditionellen Ehen und Familien reihenweise dem modernen, selbstbestimmten Lebensstil zum Opfer fallen. Und wo wir noch immer Erwartungen an den Partner als Glücksgaranten hegen, Männer mit ihrem Computer länger als mit ihrer Partnerin spielen, ihr Auto mehr als die Partnerschaft pflegen. Wo Frauen sich mehr anstrengen müssen, um weniger als die Männer zu verdienen, sexuell nicht nur offen anspruchsvoller, sondern heimlich übermütig werden, laut Studien inzwischen öfter fremdgehen sollen als Männer.

Die moderne Erwerbswelt belastet unsere Beziehungen. Geprägt ist das Zusammenleben von oft befristeten Arbeitsverhältnissen, entfernten und wechselnden Arbeitsorten und der damit verbundenen schwierigeren Lebensplanung. Ebenso von späteren Geburten oder Kinderlosigkeit, von häufigeren Trennungen, Trennungskindern und Patchworkfamilien. Auch kommen größere Altersunterschiede zwischen den Partnern gefühlt zunehmend vor; es wächst der Wunsch nach vollwertigen Ehen von schwulen und lesbischen Paaren mit Kindern.

In Deutschland wird jede dritte Ehe geschieden, Tendenz steigend, in der Schweiz und in Schweden bereits jede zweite. Dazu will die Wissenschaft herausgefunden haben, dass Frauen sich für Monogamie weniger eignen würden als Männer, wie auch immer. Frei nach Karl Kraus ist die Beziehung zwischen den Geschlechtern jedenfalls ein Eingriff ins Privatleben. Ohne ausgleichenden, abreagierenden Humor erleben wir sie irgendwann als faulen Kompromiss, bei dem beide glauben, dem anderen alles recht zu machen, alles zu geben, aber selbst zu kurz zu kommen, unter der Beziehung häufiger zu leiden als der andere.

Das Schnarchen und die herumliegenden Socken im Schlafzimmer müssen wir uns ja nicht gefallen lassen, nicht die Haare im Waschbecken, nicht das verdreckte Geschirr in der Küche, nicht das nervende Zappen am Fernseher. Draußen in der Welt gibt es jederzeit Besseres zu finden: In dieser wunderbaren, abenteuerlichen Welt voller Seitensprungagenturen, Online-Flirt- und -Partnerbörsen, Dating-Apps, Single-Partys, Single-Reisen, Speed-Dating, Tantra-Kurse und Kuschelseminare. Die wissenschaftlich ausgeklügelten Analyseprogramme mancher Partnerportale kommen ganz sicher irgendwann auf die maschinell generierte und mathematisch garantierte Übereinstimmung mit dem perfekten Kandidaten für uns. Irgendwann, mal sehen, notfalls kaufen wir uns derweil eine Katze oder ein schöneres Smartphone oder absolvieren eine Paartherapie für Singles.

> *Wegen steigender Mieten zunehmende Wohnungsnot in Deutschland: Viele müssen schon mit ihrem Partner zusammenleben.*

So weit, so schlecht die Ironie in der Wunschtheorie und getrübten Wahrnehmung. In der Praxis dürfen wir nicht überrascht sein, falls die nächste Beziehung zwischen Retro-Kühlschrank und Eckbadewanne, Dolby-Heimkino und beheiztem Wasserbett ähnlich kurz dauert wie die vorhergehende. Es sei denn, wir steigen runter vom Ross der Perfektionsansprüche: Wenn stets der andere über all unsere Schwächen gut gelaunt hinwegsehen soll, wir aber von seinen verschont bleiben wollen.

Die manchmal unüberwindbar scheinenden Unterschiede zwischen den Geschlechtern sollten wir nicht so ernst, besser mit Humor nehmen; wir sollten Humor zeigen, vor allem: Humor geben, jeden Tag. Als grundlegender Tipp für jede Beziehung kann nicht oft genug betont werden: Sich nicht zu ernst nehmen, nicht wichtig tun, kein Opfer sein, sich selbst gefallen und glücklich machen allerdings schon. Humor bedient unsere Eitelkeit, und die wiederum unseren Selbstwert, was der Beziehung nur guttun kann. Denn erst dann, wenn wir uns selbst wahrhaft mögen und vertrauen, ohne dem anderen das ständig unter die Nase reiben zu müssen, können wir lieben, echte und dauerhafte Nähe zulassen.

Sie zu ihm: „Meine Kollegin hat mir erzählt, dass ihr Mann sie morgens immer mit einem langen, heißen Kuss verabschiedet. Du machst das nie!“ „Wieso, ich kenne die Frau doch gar nicht!“

Männer sind vollkommen anders, Frauen auch. Und Frauen sind manchmal komisch, Männer oft ein Witz. Eigentlich passen sie an nur einer Stelle ihrer Körper zusammen. Und den Männern reicht das meist sogar, solange sie die innere Mitte finden, und zwar bestimmter Frauen, die aufgrund ihrer Fettverteilung rein optischen Proportionen genügen. Ein bis vier Bier dazu und Fußball, und die Welt ist in Ordnung.

Neuesten Studien gemäß seien Männer viel schlichter glücklich zu machen als Frauen: Immer dann ist der Mann nämlich glücklich, solange seine Partnerin es ist – wie einfach und effizient, und es erklärt einiges: Da Frauen es manchmal nicht ertragen, wenn der Typ an ihrer Seite trotz rückläufigen Haaransatzes und vorstehenden Bauchansatzes so verdammt locker, selbstzufrieden und gut gelaunt sein kann, während sie mit gigantischen

Katastrophen wie Fältchen, Fettpölsterchen und Zellulitchen zu kämpfen hat, entzieht sie ihm kurzerhand die Basis seines kleinen, gemütlichen Glücks und schweigt, nörgelt, zickt und bockt. Weil sie die Probleme erkennt und selbst hat, sie ist das eigentliche Opfer, während er es sich zu leicht macht mit diesem von Natur aus höchst diffizilen Zusammenleben im Rahmen einer Partnerschaft, Familie, eines Haushalts.

Deshalb fängt sie tierisch an zu zaubern, verwandelt Männermücken in Frauenelefanten, bringt ihn damit auf Trab, am Ende auf die Palme und in peinliche Erklärungsnot zu einer Kollektion angeblich aufgestauter Beziehungsfragen. Dann heißt es gleich „immer" und „ständig" oder „nie" und „überhaupt nicht" oder „ganz furchtbar schlimm".

Kann dieser Teufelskreis des Beziehungsstresses nicht auch ohne Ansammlung zukünftig verheerender Altlasten, ohne zähneknirschende Einsicht oder Gefühlsnarben bildendes Aussitzen durchbrochen werden? Vielleicht mit gewinnendem und zugleich abgrenzendem Humor? Gelassenheit heißt hier das Zauberwort – ein Faktor innerer Stärke und äußerer Energie, für Selbstwert, Selbstsicherheit, Geduld und Nachsicht.

Denn Frauen sind von Natur aus vielschichtiger gestrickt als Männer, was heutzutage nur immer sichtbarer wird. Könnte man die Kniffligkeit der Frauen nicht kompatibler machen zur Minderkomplexität der Männer, und zwar einfach mit Humor? Frauen werden stärker und selbstständiger, kritischer, zielstrebiger, gebildeter und zuweilen damit verbunden: ungeduldig und hart im Urteil – also voll unpraktisch für Gewohnheitsmänner. Frauen wollen neue Grenzen austesten, ihr Leben optimieren, fortwährend neue Leidenschaft empfinden, möglichst alles erreichen. Da sollte man schon eine Menge Spaß mitbringen, Spaß verstehen, Humor als Prellbock selbst produzieren, denn aufgepasst: Frauen besitzen kein natürliches Privileg eines rein passiven Humorbenehmens.

Der Mann bleibt trotzdem ein stets erwünschter Partner, sofern er mitzieht, nicht zur Couchpotato verlottert, flink und flexibel ist, nie später kommt als sie, außer im Bett, spontan mit ihr unterwegs Latte Macchiato trinkt, ins klassische Konzert geht, mal eben romantisch heiraten will, da sie für den Moment eine Prinzessin sein kann. Ansonsten darf er gerne kochen können, sich anpassen, unterordnen, ein bisschen doch erziehen lassen, sich als wichtigste Nebensache akzeptieren, nur bloß nicht kritisieren, dem Schwung der Frau und ihren abstrakten Sehnsüchten und Idealvorstellungen nicht in die Quere kommen mit einer schlichten, pragmatischen Lösung.

Erzählt Bernd seiner Frau: „Du, ich hab vorhin mit dem Hammer ganz schrecklich meinen Daumen verletzt." „Und da hast du gar nicht geschrien?" „Ich wusste ja nicht, dass du schon zu Hause bist."

Viele Frauen testen ihren Auserwählten gründlich, meist heimlich, für Männer unheimlich, nicht zu verstehen. Frauen wollen immer alles schön haben, wollen fühlen, sich aber nicht auf ein Gefühl verlassen, stattdessen ausgefeilte Listen abhaken, diejenigen Kandidaten eilends aussortieren, die ihrer Mister-Perfect-Schablone nicht in sämtlichen Punkten entsprechen. Ein Höchstmaß an Toleranz beweist sie bereits dann, wenn sie identifizierte unbrauchbare Eigenschaften des Mannes ihm später akribisch auszutreiben plant. Und stets aufs Neue wundert sie sich, wenn er entweder nicht anruft, sich innerlich verabschiedet, als Beziehungsproband nicht geeignet sieht oder sich spätestens nach ein paar Jahren als ehrgeizloser Fehlgriff erweist, da sie sich in dieser Zeit natürlich unermüdlich weiterentwickelt hat.

Eigentlich meinte sie es nur gut, wollte die Beziehung von Beginn an perfektionieren, akkurat organisieren, sogar Humor zeigen, sprich: über seine Witze nett lachen. Dabei täte mehr Eigenliebe, gesunder Menschenverstand, Mut zur Lücke, Empathie und Intuition und vor allem aktiver Humor statt seelenloser Tests und strengem Kalkül hier beiden Seiten besser.

> *Nähert sich eine Gestalt dem Liebespaar auf der Bank, gestikuliert und ruft flüsternd mehrmals den Namen der Frau. Langsam wird es dem Mann auf der Bank zu bunt: „Was wollen Sie von uns, hauen sie ab!" „Ich würde ja gern, aber meine Frau hat den Schlüssel!"*

Manchmal ist die Beziehung wichtiger als der Mann, manchmal sind fremde, listige Schmeicheleien und momentane Lustkicks wichtiger, da schöner und intensiver als die gewohnte Beziehung. Eifersüchtig sollte er sein, weil das ein Beweis seiner Zuneigung ist. Aber bloß nicht zu viel, nicht vorwurfsvoll und kontrollierend, das engt sie ein, macht ihn weniger attraktiv. Er soll sie einfach respektieren für ihre eigenständigen Aktivitäten, Ideen, Initiativen und tollen Chancen und dass sie eine so begehrte Frau und zugleich freie, starke Persönlichkeit ist.

Er darf überdies kein Macho sein, obwohl sie sich jeden Monat kurz mal nach einem sehnt. Schlaffis, Sensibelchen und softe Frauenversteher sind ähnlich zwiespältig erwünscht mit Vorbehalten, eine Zeit lang gern als Elternteil oder verlässliche Notlösung, wenn ihre Kinder einen braven, treuen neuen Vater brauchen. Ist die Frau dann 40, entdeckt sie ihre Sexualität ohnehin vollkommen anders, egal ob mit dem bisherigen einzigen besten Mann der Männer oder mit wem auch immer.

Auf jeden Fall sollte der Mann selbstbewusst, charismatisch und erfahren, bloß nicht aufgeblasen und rechthaberisch sein. Unbedingt kultiviert, gebildet, sauber, sportlich, modebewusst und intelligent, auf Dauer nicht schlauer als die Frau, nur lustig und lässig und nicht albern, lieber höflich und stark, niemals grob, stets aufmerksam und zugewandt, endlos tolerant und verständnisvoll. Dazu darf er ruhig einen finanziell lobenswerten Status haben, handwerklich begabt, dazu am besten gleich Arzt oder wenigstens spirituell sein, ein Musikinstrument spielen, Tiere, Natur und Kinder lieben, ihr einen ansehnlichen Freundeskreis präsentieren, sie aber nicht in ihrem Vorwärtskommen bremsen, nicht ihre besonderen Ansprüche, wahren Gefühle und höheren Werte durchkreuzen.

> *„Ich muss jetzt höllisch aufpassen, dass ich nicht schwanger werde." „Wieso, dein Mann hat sich doch sterilisieren lassen." „Eben."*

Der Mann darf die Frau nicht durchschauen, wo sie selbst oft nicht weiß, was sie will. Er sollte nur da sein, wenn sie ihn braucht und dann viel Zeit mitbringen: entweder zum Renovieren der Wohnung, Reparieren der Schubladen, Anbringen der Lampen, Entsorgen des Mülls, Öffnen der Flaschen und Dosen und gern für das eine oder andere Kind. Ersatzweise kann sie sich auch ein paar Eizellen einfrieren oder neuen Schmuck schenken lassen.

Zwischendurch braucht sie ihn immer mal wieder, um sich fallenzulassen, in Geborgenheit Kraft zu schöpfen für ihre ansonsten demonstrative Unermüdlichkeit. Dazu zählen laut Studien neben den ständigen Bildungsaktivitäten, erotischen Ambitionen und heimlichen Online-Engagements neuerdings angeblich wieder das in jungen Jahren vermehrte Rauchen, das im Straßenverkehr Rasen, Drängeln und Beleidigen. Selbst an den Herzinfarkten nehmen Frauen in wachsender Zahl teil.

> *„Hast du schon gehört? Eine Studie besagt, dass Frauen den Herzinfarkt oft später bemerken als Männer." „Glaube ich nicht: Die müssen sich immer erst schminken."*

Klingt nach Quadratur des Beziehungskreises. Wie soll das ohne mehr gegenseitigen Humor in Zukunft funktionieren? Denn es geht weiter: Für Männer im mittleren Alter bedeutet Freiheit, sich nicht eng zu binden. Wer von einer Helikopter-Mama behütet und unter Frauen wie Oma, Tante, Schwester, Nanny, Nachbarin, Patin, Erzieherinnen, Lehrerinnen, Kanzlerin, Verteidigungsministerin etc. aufgewachsen ist, benötigt bis auf weiteres erst mal weder neue weibliche Einbettung noch Kinderaufbettung.

Aber auch Frauen wollen ihre Freiheit nicht verlieren, nur mit dem Unterschied: möglichst innerhalb der Beziehung. Frauen wollen sowieso alles: Weil sie es können, das Geld, die Energie, einen größeren Freundeskreis, ein kleines Auto und ein Smartphone dafür haben, es terminlich hinkriegen, zu organisieren verstehen, bis ihnen die Beziehung dann irgendwann doch zu eng wird, die eigenen wiederentdeckten Reize und der Sex als Tauschgeschäft sich woanders vielleicht lohnender, mit prickelndem Gefühl investieren lassen.

> *Neue Verkehrsstudie: Geschwindigkeitsbegrenzungen sind gut für die Beziehung: Männer kommen nicht mehr früher ... um die Frau beim Sex zu überraschen.*

Während der Mann im besten mittleren Alter sich also gar nicht erst bindet, braucht die Powerfrau irgendwann die Trennung, um sich erst richtig zu entfalten. Wo soll das hinführen? Zu Wohnraumverknappung und Mietsteigerungen auf jeden Fall. Und zu einem Phänomen: Andere Menschen schauen uns interessiert hinterher, solange wir in einer Beziehung leben. Wieder als Single fühlen wir uns gemieden. Woran mag das liegen? Abgesehen davon, dass wir für einen One-Night-Stand immer irgendwie taugen und ansonsten bedürftig nach einer Partnerschaft und dadurch anhänglich, potenziell anstrengend wirken – mit Partner, sofern es halbwegs gut läuft, erlangen wir Glanz, einen unbeschwerten Stolz, ruhen wir in uns, sind ausgeglichener, gelassener, authentischer und damit tatsächlich begehrenswerter.

Eigener Humor signalisiert Ähnliches: eine ausgewogene Mischung aus Gemeinschaftssinn und gesunder Eigenliebe mit Abstand zu uns selbst, unseren Vorurteilen und anderen Menschen, Abstand zu den eigenen Problemen und all dem Leid der Welt, ohne Selbstmitleid und Opferrolle, dafür mit einer selbstsicheren, glanzvollen Ausstrahlung.

Ehefrau: „Liebling, morgen verreise ich für eine Woche zu meiner Mutter. Kann ich noch irgendetwas für dich tun?“
Mann: „Nein danke, vielen Dank Schatz, das genügt!“

Mit Humor schaffen wir also nicht schlechthin Sympathie und Harmonie, bauen wir nicht nur eine Brücke zu den Menschen. Wir halten zugleich Distanz – ein wichtiger Faktor für echte Aufmerksamkeit, unaufdringliche Zuwendung und erwartungsvolle Zurückhaltung, für Höflichkeit, Achtung und positives Erstaunen. Insofern ist dieser Mindestabstand genauso wichtig wie Nähe, da wir zu viel Nähe, zu viel innige Zweisamkeit schnell als Einschränkung unserer Freiheit und Individualität, als Aufdringlichkeit, Zwang, Abhängigkeit und beklemmende Kontrolle erleben, bei der die Partner nachlässig und anmaßend miteinander umgehen, sich leichter gegenseitig nerven und enttäuschen, den jeweils anderen nicht mehr wertzuschätzen wissen.

Viele Partnerschaftsprobleme resultieren aus einem fatalen Irrtum: Wir glauben, je näher wir dem anderen sind, je besser man sich kennt, je gewohnter und routinierter man miteinander umgeht, weil man gemeinsam eine Menge durchgemacht hat, desto toleranter sei der andere mit uns – auf ewig. Deshalb achten wir nicht streng auf unsere Wirkung und Erscheinung, machen in der Beziehung es uns bequem, blödeln respektlos herum, lassen uns häufiger gehen im Vertrauen auf das ohnehin enge Bündnis.

Doch falsch gedacht: Sobald die erste Verliebtheit verflogen ist, können wir uns insgeheim über den eigenen Partner ebenso übel aufregen wie über jeden anderen Menschen. Und das Gefährliche daran: Es genügen Kleinigkeiten, die wir bei anderen leicht tolerieren, etwa ein gewohnheitsmäßiges Schmatzen, Schniefen, Schlürfen, ordinäres Fluchen oder auch Schweißgeruch, Mundgeruch, schmutzige Fingernägel. Manch einer bohrt genüsslich in der Nase und wäscht sich nach der Toilette nicht die Hände, andere können nicht bitte und nicht danke sagen, reden zu leise, zu schnell oder zu laut, verwenden die immer selben Floskeln.

Am liebsten erinnern sich die Frauen an Männer, mit denen sie lachen konnten.

Anton Tschechow

Instinktiv schließen wir dabei auf die Gesamtpersönlichkeit und vergleichen diese mit vermeintlich besseren Charakteren, die wir aber nur dadurch besser finden, dass wir sie nicht näher kennen oder bloß deren Feierabend-, Wochenend- oder Urlaubsgesicht. Und weil wir mehr Distanz zu ihnen wahren oder sie sich besonders anstrengen, da sie Absichten hegen: Begehren zeigen oder uns berechnend für einen Zweck gewinnen, uns etwas verkaufen wollen. Deshalb erleben wir genannte Schwächen bei anderen Menschen nicht so häufig und intensiv wie beim eigenen Partner, bleiben Respekt und Zuneigung durch das ständige Vergleichen irgendwann auf der Strecke. Und das wiederum spürt der Partner, wird womöglich unsicher, noch ungeschickter und nachlässiger. Die Beziehung läuft Gefahr dann zu verkommen zu einer nervenden, reizlosen, verletzenden Routine mit der Folge späterer gegenseitiger Abstoßungsreaktionen.

Treffen sich zwei Frauen: „Stell dir vor, mein Mann ist ein wahrer Engel…" „Du Glückspilz, meiner lebt noch."

Humor ist der richtige Abstandhalter auf gleicher Ebene, da er doppeldeutige Gedanken und zwiespältige Gefühle erzeugt und damit anspielt, herausfordert, reizt, entlarvt, überrascht und verhindert, dass es zu bequem, zu vertrauensselig, zu nachlässig und unliebsam, aber auch zu kitschig, romantisch oder sentimental wird. Mit eigenem Humor stärken wir unser Ich und schützen es vor Verletzungen einer zu engen Beziehung. Diese Verletzungen können ebenso daraus resultieren, dass wir im blinden Vertrauen auf Behutsamkeit, Beständigkeit und Aufrichtigkeit dem Partner unser Herz manchmal etwas zu weit öffnen und ausschütten und dadurch um ein Vielfaches verwundbarer werden.

Ein Geheimnis anhaltender Zuneigung finden wir insofern darin, uns nicht restlos aufzutun, um nicht zu viele Verletzungen anzuhäufen, aber auch nicht zu verzichten darauf, immer ein wenig unberechenbar und geheimnisvoll zu bleiben. Hier wirkt Humor wie ein schillernder Schleier vor dem Fenster unseres Herzens.

Wer keinen Humor hat, sollte eigentlich nicht heiraten.

Eduard Mörike

Denn wer kennt das nicht, wenn zwei Menschen trotz der Abstoßungsreaktionen den Weg voneinander nicht mehr finden, sich lediglich aneinander gewöhnt, miteinander abgefunden haben, sich über die Jahre hinweg so distanzlos wie glanzlos ähnlicher werden, ähnlich klingen, sich ähnlich bewegen, das Gleiche denken, sich mit den stets selben Worten auf den Keks gehen. Gemeinsam sehen sich die Partner als Maßstab und Nabel der Welt, gegenseitig behandeln sie sich als unwichtig und zeigen sich das regelmäßig: mit Ignoranz und Sticheleien, generalisierenden Vorwürfen sowie kränkender Illoyalität und Beschämung, vorzugsweise vor anderen Leuten.

Humor kann hier ein Stück weit helfen: Er grenzt ab, bewahrt Zuneigung, Individualität und Achtung, überrascht, bringt Frische, Schwung, Fantasie und Kreativität, eine positive Spannung in die Beziehung. Den leidigen Unsitten kann Humor zuvorkommen, indem er das seelische Wohlbefinden und Selbstwertgefühl stärkt, gelassener über Unpässlichkeiten hinwegsehen lässt, die schmale, verzerrte, verweichlichte Eigenwahrnehmung aufbricht, die Stimmung verbessert, uns selbst und den anderen wieder attraktiver erscheinen lässt.

„Die Pilzsuppe schmeckt köstlich, woher hast du das Rezept?“
„Aus einem Krimi.“

Im Berufsleben haben sich Frauen eine Menge erkämpft. Nur werden die niedrigqualifizierten sowie unterbezahlten Jobs in Deutschland mehrheitlich von Frauen abgedeckt. Zudem geht es mit dem Anteil weiblicher Führungskräfte zu langsam voran. Die einen sehen sich genötigt, kostspielig sich Eier einfrieren zu lassen, um im fortgeschrittenen Alter vielleicht doch noch ein Kind zu gebären, während die anderen eine vielversprechende Karriere erst mal abbrechen müssen, weil sie es vorziehen, die Kinder in jüngeren Jahren zu bekommen. Und zwei Drittel der Männer meinen laut Umfragen, es sei langsam genug mit der aufgezwungenen Gleichberechtigung. Wobei das Hauptproblem im Fehlen karrierefördernder mit zugleich familienfreundlicheren Angeboten liegt, die uns Staat und Arbeitgeber dringend einräumen müssten; andere Länder sind da wesentlich weiter.

Humor kann hier wenig direkt bewirken. Aus Tätigkeiten in diversen Unternehmen habe ich allerdings die Erfahrung gemacht, dass vor allem dort das Arbeitsklima am besten, die Zufriedenheit am höchsten und der Erfolg am nachhaltigsten sind, wo Frauen und Männer ihre typisch eigenen Merkmale ausleben können, sich nicht verbiegen, nicht jedes Wort auf die Goldwaage der Gender-Ethik legen müssen, stattdessen reizvoll und fantasiereich authentisch bleiben, ihre Stärken geschickt miteinander kombinieren.

> *„Ich bin kein Mann für eine Nacht. So viel Zeit habe ich nicht."*

Grundlage dafür ist ein lockerer, aber respektvoller und toleranter Umgang der Geschlechter miteinander, bei dem der tägliche Spaß nicht zu kurz kommt. Humor sollte ein erheblicher Faktor der Kommunikation dabei sein, damit Frauen und Männer sich verstehen, sonst wird es zu kompliziert. Selbstbewusste, gleichberechtigte Frauen sind etwas Wunderbares, solange sie dies im Einklang mit ebenso selbstbewussten, gleichberichtigten Männern sein können. Dann hat auch ein gepflegter, kompatibler Humor genug Platz, findet Akzeptanz und kann den Geschlechtern in ähnlicher Weise helfen, nicht nur die jeweils andersartigen Merkmale und Macken besser zu verkraften. Desgleichen kommt es nämlich darauf an, sich mit allen natürlichen Stärken und Schwächen in der besonderen Rolle des eigenen Geschlechts wiederzufinden, zu gefallen und zu behaupten, mit den unveränderbaren Eigenheiten zu kokettieren und den Wandel der Geschlechterrollen sowohl mit Augenzwinkern als auch mit Augenmaß durchzusetzen.

Mit dem richtigen Humor vermögen wir darüber hinaus die Aufmerksamkeit von den typisch fraulichen oder männlichen auf die allgemein menschlichen Schwächen zu lenken. Und kommt es doch einmal zu sexistischen Anwandlungen, übrigens genauso von Frauen gegenüber Männern, lassen sich Arroganz und Vorurteile des anderen wie auch der eigene Übermut viel eleganter aufs entlarvende oder selbstironische Korn nehmen.

Kommt ein Mann in den Buchladen: „Ich hätte gerne das Buch ‚Die Überlegenheit des Mannes'". Sagt die Verkäuferin: „Fantasy und Märchen finden Sie im ersten Stock."

Humor ist schließlich nicht nur Friede, Freude, Eierkuchen, Humor ist Reibekuchen und dabei ein guter Puffer. Er kann vielen Männern helfen, einen bedeutend größeren Teil ihrer ermüdeten, offiziellen Vorherrschaft abzugeben, ihre angeborene Großartigkeit, ihre manches Mal noch latent sexistische Grundeinstellung sowie das altmaskuline Monopolyspiel mit all den Hahnenkämpfen und Pfauenrädern ohne Erektionsstörungen weiter zurückzufahren und dennoch großzügig, galant, stilvoll, charmant, aufmerksam und respektvoll zu sein, auch dann, wenn kein sexuelles Motiv sie treibt.

„Schatz, ich war heute beim Schwangerschaftstest." „Und, waren die Fragen schwer?"

Dazu sollte der Mann nur mehr Aufmerksamkeit und Mitgefühl zeigen, selbstkritischer, zärtlicher, romantischer und häuslicher sein, nicht ständig auftrumpfen müssen, sich ebenso für das kleine, wahrhaft Zwischenmenschliche interessieren, sich frühzeitiger um seine ganzheitliche Gesundheit kümmern, sich verstärkt um das soziale Wohl von Minderheiten sorgen. An seiner Karriere kann er dann nicht mehr so exzessiv basteln, nicht stundenlang in selbstdarstellerischen Meetings sitzen, sich nicht allein für tote Zahlen und Technik begeistern, nicht vorrangig in Konkurrenzkategorien denken, sein Familienleben nicht dem Job, dem Informationskult, dem zwanghaften Netzwerken, zeitfressenden Spielen, teuren Prestigehobbys, nutzlosen Statussymbolen oder verstaubten maskulinen Ritualen opfern.

Dafür müssen nicht alle Frauen gleich unbedingt bei der Müllabfuhr, auf dem Bau und auf Bohrinseln arbeiten, auch keine Kampfjets und bewaffneten Drohnen fliegen, keine Panzer, Gigaliner und Öltanker steuern. Aber Kraftwerke, Brücken, U-Boote, Roboter und Raumstationen könnten sie schon konstruieren, Software entwickeln, Maschinen programmieren, Weltraummissionen planen, Geheimdienstchefin, Präsidentin des EU-Parlaments oder UN-Generalsekretärin werden.

Zunächst und währenddessen würde mehr aktiver Humor vielen Frauen helfen, das Leben, die Arbeit, die Karriere, die Familie und Partnerschaft lässiger anzugehen und dabei an Charisma, Durchsetzungsvermögen und Einfluss zu gewinnen, ohne an Sympathie und Weiblichkeit zu verlieren, männliche Verhaltensmuster zu kopieren und über Schwächen wie Selbstzweifel, Übereifer, Perfektionsanspruch, unnötige Scham, falsche Bescheidenheit, falsche Brüste, höfliches Lachen, vorgetäuschte Höhepunkte, Harmoniedrang, Hungerdiäten, unelegante Gurken oder zu hohe Pumps zu stolpern.

Nicht nur anstandshalber lachende, ebenso aktiv humorvolle und witzige Frauen im täglichen Leben – welcher Glanz, welche Perfektion, welche Herausforderung für die männliche Welt. Und möglichst gewinnenden, allenfalls subtil entlarvenden, weniger verletzenden Humor auf Kosten Anwesender, was gegen die Männer keine besondere Hürde darstellen sollte, da die meisten Herren zwar unter diversen Schwachstellen leiden, Humor aber immerzu in jeder Form, Menge, Qualität und Lebenslage vertragen. Bei Frauen ist das längst nicht so, daher Vorsicht noch einmal, liebe Männer, mit diesem absonderlichen Humor.

Eine weibliche Humoroffensive würde die Männer jedenfalls verblüffen, verunsichern, entwaffnen und ermuntern, mit Frauen mehr zu kommunizieren, sie ernster zu nehmen, sie wahrhaft zu respektieren und vor allem: sie nicht andauernd verstehen zu wollen.

Ein ernster Mensch sein und keinen Humor haben, das ist zweierlei.

Arthur Schnitzler

Neueste Technik, aber Steinzeitkommunikation

Zunehmende Anzeichen einer leeren oder schwierigen bis gestörten Kommunikation gibt es nicht allein zwischen Frau und Mann, sondern generell. Die Inhalte und Träger unserer Verständigung verändern sich dermaßen rasch, dass nicht alle Menschen da mehr mitkommen, nicht mehr miteinander klarkommen. Deshalb gilt es allmählich zu bedenken, ob wir inmitten dieses Dschungels aus digitaler Technik, elektronischen Medien und jederzeitiger Erreichbarkeit noch fähig sind, schlicht und einfach zuzuhören, entspannt und aufmerksam zu lesen, uns Menschen neugierig zuzuwenden und auf sie einzugehen.

Halten wir regelmäßig inne, reflektieren wir unser Leben, können wir Schwächen und Nichtwissen offen eingestehen, dankbar für Kritik sein, dumme Fragen stellen, uns wundern, stolz sein und richtig freuen, normale Menschen des Alltags daran teilhaben lassen und sie würdigen, loben, uns selbst auf die Schippe nehmen? Oder können wir nur fordern, jammern, zweifeln, nörgeln, neidisch sein, das Unbequeme ignorieren, alles perfekt haben wollen, Hektik machen, klugscheißen, uns verkaufen, inszenieren?

Was soll werden daraus, dass der Mensch, beim Kleinkind angefangen, auf dem Weg ist, mit Maschinen mehr zu kommunizieren als mit lebenden Wesen seiner unmittelbaren Umgebung? Interessieren wir uns noch für Menschen? Nicht für diese schillernden Promis in den Medien. Auch nicht für die weit verstreuten, im Grunde kaum bekannten Netzwerkfreunde, die wir unter Preisgabe der Privatsphäre uns haufenweise digital zusammenklicken. Gemeint sind mehr die unglamourösen, nichtdigitalen, nicht nur sexuell interessanten, meist noch Silikon- und Botox-freien, ähnlich wie wir leidenden, sich ärgernden und sorgenden Mitmenschen unseres Alltags.

Trauen wir uns im Büro, auf der Straße, im Zug oder im Wartezimmer noch einen originellen, frechen Schlagabtausch? Sind unsere SMS, E-Mails, Chats und sonstigen Online-Texte einfallsreich und witzig, haben sie Esprit? Legen wir Wert auf sprachlichen Stil und kleine Kostbarkeiten wie Aphorismen, Anekdoten und Bonmots? Sind wir fähig, geschliffene, pointierte Dialoge zu genießen? Oder erreichen allein Reality-Inszenierungen und Casting-Bosheit, nur Sex, Waffen und Gewalt, nur Daueraction, Serienmörder und 3D-Mega-Special-Effects den Gefällt-mir-Knopf in unseren Köpfen?

Hat angesichts der fragmentierten Formulierungen in den SMS, Chats, Foren, Posts und Tweets unsere Sprachkultur noch eine Chance? Finden Muße, Fantasie, Kreativität und tiefere Gefühle in der modernen Kommunikation noch Raum? Oder geht es heutzutage mehr um die Geräte und deren Eigenschaften, um durchgehende Online-Verfügbarkeit, um ständiges Informiertsein und sofortiges Reagieren, um hochfrequentes, breites, kurz angebundenes Sozialnetzwerken? Spielt die Anzahl der Klicks, Follower, Friends und Likes die größte Rolle? Sind wir schon so weit, dass wir zwanghaft permanent und hochgeschäftig ankämpfen müssen gegen das vermeintlich drohende Gefühl von Stille oder ahnungsloser Einsamkeit, selbst wenn es nur mal fünf Minuten wären? Wabern daher so furchtbar viele belanglose bis sinnfreie Bilder und Videoclips neben zerklüfteten Texten durchs Netz?

Immer weniger gedruckte Tageszeitungen in Deutschland. Kaum zu verstehen: Ich jedenfalls brauche die dringend für meine Küchenabfälle.

Komiker, Comedians und Kabarettisten, überhaupt humorvolle Menschen sind noch wahre Künstler einer zwar ähnlich sparsamen, dafür runden und präzisen Sprache, die auf den Punkt kommt, im besseren Fall indirekt, subtil. Fast jeder kann sich hier ein paar Scheiben mehr abschneiden. Deshalb muss es beim Thema, wie Humor funktioniert, nicht zuletzt um eine knappe, aber exakte, originelle, treffende und bildhafte, die Menschen anregende und erfreuende Kommunikation gehen. Denn Sprache ist Macht, ob mündlich oder schriftlich: Sprachgewandte Menschen sind selbstbewusster, souveräner, attraktiver, überzeugender, am Ende damit erfolgreicher – umso mehr, wenn mit Witz und Humor verfeinert.

Computer, Internet und mobile Kommunikationsgeräte erobern unsere Arbeit, unsere Freizeit, unser komplettes Leben. Zusammen mit der Hektik fehlender Zeit deformieren und schwächen sie zunehmend unseren Gedankenaustausch, unsere Sprache und somit unseren Geist, unsere Gefühle, unseren Horizont, unser Leben. Form und Medium dominieren über die Inhalte, ziehen ein Großteil der Aufmerksamkeit auf sich. Wir sollten uns besser in Acht nehmen, nicht zu gehetzten, schematischen, spaßlosen Anhängseln von Maschinen mutieren, nicht unsere typisch menschlichen Vorteile verspielen: unsere ästhetische, musische, intuitive und kreative und vor allem unsere emotionale, emphatische, gemeinschaftliche Dimension. Wenn uns kein Mindestabstand zu all dem Metall und Kunststoff gelingt, saugt die Technik unsere Seelen auf. Beim Hersteller unseres Computers können wir uns dann irgendwann als nicht mehr mithaltendes, nur eingeschränkt noch funktionierendes Peripheriegerät registrieren und später mit Diagnose Hohlherz plus Digitalkopf einliefern lassen.

Humor sichert auch hier die nötige Distanz, macht uns innerlich unabhängig, hält uns menschlich auf dem Laufenden, gemeinschaftlich im Lot.

Es gibt doch jetzt diese neue Koch-App fürs Smartphone. Die funktioniert bei mir aber nicht: Hab alles versucht: Das Ding wird einfach nicht heiß.

Selbst wenn es so aussieht, als kämen die meisten modernen, interessanten Menschen kaum mehr raus aus dem Netz, als lebten sie Beruf und Freizeit vorwiegend dort und dass das bei uns nicht viel anders ist, dürfen wir nicht vergessen, trotzdem noch mit all den zahlreichen, höchst unterschiedlichen, oft nicht gerade pflegeleichten körperlichen Originalen der analogen Alltagsrealität klarkommen zu müssen. Im Vergleich zu all den geschönten Medienwesen und gefilterten, optimal auf uns abgestimmten Netzkontakten erscheinen uns nicht nur die Typen im Kiez auf der Straße oder in U-Bahn und Bus von merkwürdig über unansehnlich bis abgedreht, sondern selbst unsere Nachbarn, Kollegen, Freunde und Verwandten nicht selten halbfertig und langweilig, wie aus einem anderen Film.

Außer lästigen Geheimdiensten, anderen staatlichen Schlafbehörden und digitalen Großraubkonzernen interessiert sich doch nicht einmal mehr von denen jemand so richtig für uns. Wer möchte wirklich wissen, wie es uns geht? Wer fragt uns echt interessiert Persönliches, ist vorbehaltlos aufgeschlossen und wohlwollend zugewandt, fragt mehrmals nach, bestärkt uns, zeigt Geduld und Anteilnahme, versetzt sich in unsere Lage?

Wer würde mit uns ungeniert blödeln und scherzen, sich ausschütten vor Lachen, auch ohne Alkohol, jederzeit loyal bleiben, integer, verlässlich, gleichberechtigt, auf Augenhöhe, ohne sich wichtigzutun, sich aufzuspielen, neidisch zu sein, uns Bescheid sagen zu wollen oder zu nörgeln und zu jammern?

Müssen auch Sie sich mit Menschen abgeben, die einem stattdessen keine wahre Aufmerksamkeit schenken, nur auf Stichwörter von uns lauern, um augenblicklich loszulegen, voller Leidenschaft allein von sich zu erzählen und gar nicht wieder aufhören können damit, so als wären sie die Promis einer Talkshow? Solange wir in solchen Fällen nicht selbst so drauf sind und nicht flüchten können, sollten wir ihnen wenigstens mit Humor begegnen, uns locker machen, den Dauerschwätzern lustig in die Parade fahren.

Vielleicht kennen Sie jenes Phänomen, wenn in einer gut gemischten Runde oder im Falle mehrerer Paare die Geschlechter plötzlich anfangen, wie von unsichtbarer Hand gelenkt, sich fein säuberlich zu trennen: Rein zufällig finden sich die Männer zusammen, bleiben Frauen unter sich: Weil manch einer nur über 3D, die neue Serie auf Blu-ray, über Motorräder, Hybridantrieb und elektrische Heckenscheren reden kann. Oder über Abseits, Spielertransfer und Torlinientechnik, über Uploads, Streaming und Highspeedvolumen – während die andere nur über ihre Zwangstelefonate mit der Mutter, den blöden Chef, die seltsamen Nachbarn, die aufgedrückte Schulung, den teuren Zahnarzt, tollen Schauspieler oder nuttigen Rock der Tochter der Cousine im Sauerland.

Man sieht das sogar an den Getränken: Bier und harten Stoff für die Männer, Longdrinks, Wein und Cocktails für die Frauen. Solange sich alle einig sind dabei, ihren Spaß auch auf Dauer haben, nicht als Fahnenflüchtling aus der gewohnten Geschlechterrunde gelten wollen – gut. Doch möchte längst nicht jeder diese streng getrennten Männer- oder Frauenthemen nebst Gender-Getränk unaufhörlich ernsthaft wiederkäuen.

In solchen Fällen bleibt zu fragen, ob man mit der Allgemeinheit noch kompatibel, ob man in seinem Kommunikationshorizont womöglich eingeengt ist. Aktiver Humor kann hier helfen, sich breiter zu öffnen, sich nicht kleinmütig an notorische Themen und Geschlechtsgenossen zu klammern, dafür Kontakt über die Geschlechtergrenzen hinaus in mehrere Richtungen zu halten und mal ganz was anderes, Verrücktes, Einfaches zu wagen.

Unser Humor trägt dazu bei, die Tunnelkommunikation aufzubrechen, und zwar selbstsicher, erfrischend und überraschend, mit mehr Spaß für sich und andere.

Aber auch sonst passen wir Menschen offenbar nur bedingt noch zusammen, scheinen immer weniger Leute bereit zu sein, uns nicht andauernd unbequem aufzufallen. Zunehmend begegnen wir ihnen zur falschen Zeit am falschen Ort, so unser bisweilen genervter Eindruck: Wenn wir es eilig, viel zu tun, keine Lust, zu viele Falten oder einen Pickel haben, wenn wir schlecht vorbereitet sind, frieren, uns ärgern oder schwitzen, die Aktien schlecht stehen und die Haare elendig sitzen, wir dringend aufs Klo müssen, unausgeschlafen, ungeduscht oder ungeschminkt sind, wenn der Raum zu voll, die Straße zu leer, die Wohnung nicht sauber, die Umgebung zu laut, das Tattoo zu alt oder unsere Jeans nicht hip genug sind. ^

Woran mag das liegen? Haben wir zu hohe Ansprüche? Sehen wir das Leben als Castingshow, in der wir und die anderen perfekt gelaunt und gestylt stets medienmäßig karrierebereit funktionieren müssen, bevor wir uns überhaupt halbwegs angeregt fühlen? Oder sollten wir nicht besser auf all das pfeifen, uns unseres Humors gewiss sein, dumme Bemerkungen witzig kontern, verständnislosen Blicken mit Selbstironie begegnen?

Ohne vermehrt eigenen Humor wird es in Zukunft wohl nicht gehen, dazu sind die Menschen zu seltsam: Entweder fühlen wir uns verlassen von ihnen, sind todhungrig und niemand hat Zeit, oder eine Armada nervender Kreaturen plagt uns allerorten: bedrohlich überdreht oder scheintot im Straßenverkehr, dauerfrustriert oder überambitioniert im Job, lautstark telefonierend in U- und S-Bahn, hauteng schwitzend und wabbelnd in der Sauna, übernervös und hustend im Konzert, mit Gummibärchentüten knisternd und Popcorn schmatzend im Kino, torkelnd und rempelnd in der Disco, sich reibend im überfüllten Bus, schniefend und niesend im Wartezimmer oder grölend an Hotelpool und Urlaubsstrand.

Oder wenn sie uns auf dem Gehweg beinahe überrennen, mit ihren Einkaufswagen in die Hacken fahren, nachts unterm Schlafzimmer den Motor aufheulen lassen, die Autotüren gefühlte dreiundzwanzig Mal zuknallen und die Bässe bis zum Anschlag hochdrehen, ihren Hund vor unser Haus kacken lassen, ihre Kinder anbrüllen, nur weil sie schreien, mit dem überdimensionierten Motorrasenmäher dreimal die Woche durch den Garten jagen oder in der Wohnung über uns in einer Art Flamencotanz das Parkett malträtieren.

Und falls wir einmal kurz nicht aufpassen, nicht hingucken, keine drohende Präsenz zeigen, nicht ständig alles checken, ist sofort der falsche Sender drin, sind E-Mail-Postfach und Mülltonne voll, Kühlschrank und Konto leer, ist das Buffet geplündert, die Rechnung manipuliert, der Flug überbucht, der Cocktail gepantscht, das Angebot nicht mehr gültig, der Parkplatz besetzt, die Ausfahrt verstellt, das Fahrrad geklaut, sitzt der Kollege auf dem Schoß des Chefs, hat schon wieder jemand unseren guten Kuli eingesteckt. Echte Menschen, die uns auf die Pelle rücken, sind anstrengend, uneinsichtig und gemein, richtig gefährlich, und sie lassen sich einfach nicht wegklicken.

> *„Herr Ober, Sie haben wohl das Datum mit hinzugerechnet!"*
> *„Kennen Sie nicht das Sprichwort ‚Zeit ist Geld', meine Dame?"*

Ein jeder will irgendwie anders sein als die graue Masse, sich einen Vorteil und seine ganz eigene Geltung verschaffen. Und wenn das am Abend jeder erledigt zu haben glaubt, sind gerade dadurch wieder alle gleich. Humor führt uns diesen menschlichen Wahnsinn genüsslich vor Augen, zeigt uns, wie ähnlich verrückt alle doch sind, um sie daraufhin weitermachen zu lassen. Zum Glück: Denn sollten sich die Menschen bessern, gäbe es bald keinen Humor mehr. Da sie aber nicht im Traum daran denken, sich zu bessern, offenbar immer sonderbarer, verrückter, unbelehrbarer werden, wächst der Stoff für unseren Humor unaufhörlich.

Eine Studie belegt, dass jeder vierte Deutsche auf das Handy seines Partners eifersüchtig ist …. Genau. Deshalb mach ich jetzt eine Paartherapie mit ihrem Smartphone.

Für viele ist das Internet noch immer eine mystische Sphäre, eine höhere Macht, ein letzter Fluchtraum aus dem Kleinkrieg des Berufs-, Beziehungs- und Familienalltags. Denn es verheißt eine schillernde Vorstellung, da draußen gäbe es andere Dimensionen geheimnisvoller Wesen, die nicht nerven, nörgeln oder langweilen, denen es geht wie uns. Bequeme Kontakte auf Knopfdruck, Konflikte zum Wegklicken, ein Ort, an dem wir uns verwandeln, unser Profil nach Belieben anpassen, aufhübschen und säubern, wo wir unseren Launen, Neigungen, Sehnsüchten und Gelüsten freien Lauf lassen können. Und so verklären wir die Tastaturen und Touchscreens unserer Geräte gern zum leuchtenden Tor neuer Freiheits-, Kontakt-, Kick- und Selbstverwirklichungswelten.

Doch trotz all der ausgereiften Kommunikationstechnik haben wir es immer häufiger mit Kommunikationsstörungen zu tun, haben wir uns menschlich meist weniger Wichtiges mitzuteilen. Mitunter sind Situationen zu beobachten, in denen Leute zusammensitzen und jeder für sich telefoniert, E-Mails oder SMS schreibt, twittert, postet oder chattet. Und manchmal tun sie das, um wichtiger Weise Bescheid zu geben, dass sie im Moment gerade telefonieren, eine E-Mail oder SMS schreiben, twittern, posten oder chatten.

„Schon gehört? Die Hersteller wollen ihre Handy-Displays deutlich schärfer machen." „Toll, kann ich endlich mit dem Ding auch Brot schneiden."

Wer seine reingehackten Zeilen per E-Mail, SMS, Chat, Tweet, Facebook-Post oder Forumsbeitrag an halbwegs gebildete Menschen versendet, ohne noch mal drüber geschaut zu haben, lässt es bereits an einfachster Wertschätzung mangeln. Sie kennen das sicher gut: da fehlen Buchstaben, ganze Wörter, sind Buschstaben zu viel oder an der falschen Stelle, gibt es keinerlei Kommas oder nur an den falschen Stellen, keine Großschreibung, keine Rechtschreibung, keine Zeit, keine Lust. Einigermaßen versöhnlich, wenn auch abgedroschen, wirkt in dem Zusammenhang der witzige Hinweis an die Adressaten, dass derjenige, der die Fehler findet, sie behalten darf.

Selbst dienstliche E-Mails, besonders in internationalen Großunternehmen, nerven zuweilen mit ihren Konglomeraten aus Wortfragmenten, Anglizismen, Fachchinesisch und Abkürzungen. Derweil liefert sich die Online-Gemeinde privat eine Schlacht mit Slang und Netzjargon aus Emoticons, Abkürzungen, Akronymen, Hashtags und Mentions.

Sollte dieser Trend so weitergehen, landen wir irgendwann auf dem Niveau prähistorischer Hieroglyphenverständigung: Frei von Sinn, Regeln, Stil und Heiterkeit kommunizieren wir dann in einer Art Knurren, das die Funktionsbefehle ähnlich wie beim Morsealphabet direkt in die Hirne des Homo Ego-Oeconomicus befördert.

„Hast du schon gehört? Laut einer Studie sind 2,5 Millionen Deutsche computersüchtig." „Quatsch: Ich kann jederzeit aufhören – und sofort aufs Smartphone ausweichen."

Neben anderen digitalen Kanälen wird manchmal gern die E-Mail als gepflegtes dienstliches Mobbing-Instrument missbraucht, ob gedankenlos oder vorsätzlich: Die Quelle des Unheils ist der Verteiler: Man schreibt eine Rundmail an alle mit wichtigen Informationen und Terminen und vergisst rein zufällig diesen einen Kollegen. Oder man teilt einem unliebsamen Kollegen mit, dass etwas nicht geklappt hat, wofür er verantwortlich war, und setzt andere Kollegen und Vorgesetzte mit auf den Verteiler. Als dritte und hinterhältigste Gemeinheit kann man frühere E-Mails, E-Mail-Ketten, die allein für uns oder einen vertrauten Kollegenkreis bestimmt waren, mit neuem Text zum Thema an andere Empfänger weiterleiten. Auf die Art sind schon manche peinliche Plaudereien und vertrauliche Informationen aus der Vergangenheit an genau die falsche Adresse gegangen, im schlimmsten Fall an die von Vorgesetzten, Geschäftspartnern und Kunden.

Inmitten all dieser Verzwicktheit, Verkabelungen und drahtlosen Netze brauchen wir wieder einen menschlicheren, einen wahrhaft gemeinschaftlichen Draht zueinander, um angesichts der wirren Oberflächlichkeit, metallenen Sachlichkeit, rücksichtslosen Raserei und uns überrollenden Attacken moderner Kommunikation seelisch nicht unter die Räder einer Digital-Neurose zu kommen.

Die schnellste Verbindung ist bekanntlich ein Lächeln, und wenn das nicht klappt, schaffen wir es mit aktivem Humor bestimmt, egal ob als Verursacher oder Leidtragender all dieser Kommunikationssünden. Mit Humor lässt sich vieles leichter transportieren und entschärfen, abfedern, tolerieren, entschuldigen, verdauen oder reparieren. Manchmal benötigen wir unseren Humor, um uns mit Nachdruck, aber beherrscht und originell gegen all die Sünden zur Wehr zu setzen, um sie zu entlarven, uns zu schützen.

Humor ist ein Faktor emotionaler und sozialer Intelligenz, die leider heutzutage oft fehlt, und er wird als Würze, Gleitmittel, Sicherheitsgurt und Federung unserer täglichen Kommunikation an Bedeutung zulegen müssen. Humor ist eine zutiefst menschliche Äußerungsform, um Menschen nicht nur zu gewinnen, sondern um sie überhaupt zu ertragen, gnädig zu stimmen, um den Umgang mit ihnen zu entspannen. Humor hilft enorm, wenn unsere Kommunikation zu steif, zu streng, zu einseitig wird, wenn sie langweilt, nervt, überfordert, einschüchtert und beklemmt. Oder wenn Menschen fremd, ängstlich und unsicher sind, wenn sie heucheln, sich wichtig tun, überheblich und distanzlos werden oder viel zu neugierig die falschen Fragen stellen:

Erdkundelehrer zum Schüler: „Kennst du den Ärmelkanal?"
„Wozu? Wir haben keinen Kabelanschluss."

Humorfreies Lachyoga wie auch lachgebremste Medien-Comedy können uns zerstreuen, entspannen, unterhalten, erfreuen: Von jener Kraft aber, die das menschliche Zusammenleben reguliert, besitzen sie zu wenig, jener Kraft des Humors, die unsere täglichen kleinen Schandtaten auf der Stelle karikiert und dadurch weniger anprangert, mehr amnestiert. Jener Kraft, die Hemmungen abbaut, Kontakte knüpft, Kommunikation erleichtert, Konflikte schlichtet, Schwierigkeiten relativiert, die Kreativität anregt, das Lernen verbessert, Gemeinschaft fördert, Geborgenheit bietet und Selbstsicherheit schenkt.

Humor ist längst kein Allheilmittel und ändert nichts an den Missständen und Fehlentwicklungen dieser Welt. Aber er ist eine Kommunikationsform, bei der jeder aufhorcht, hinhört und Spaß empfindet, da sie Menschen interessanter macht, ihre Schwierigkeiten und Ängste teilt und damit entschärft.

Mit Humor tupfen wir nicht nur leuchtende Farbkleckse auf die Leinwand des grauen Alltags und heimsen Sympathien dabei ein: Mit mehr innerem Abstand können wir unmittelbar auf die Herausforderungen und Pannen des täglichen Lebens reagieren, indem wir lockerer, angenehmer und anregender mit unseren Mitmenschen kommunizieren.

Der Dummkopf sucht nach den Unterschieden, der Weise nach den Gemeinsamkeiten.

Altes chinesisches Sprichwort

Teil III

Von der Vielfalt zum universellen Kern

In einer Freundschaft und Partnerbeziehung wie auch unter Kollegen wünscht sich die Mehrheit der Menschen den anderen humorvoll. Von der Art des Humors kann abhängen, ob, wie gut und wie dauerhaft man sich versteht. Und fast jeder pflegt seine Vorlieben: Für feinsinnigen, trockenen oder blödelnden, für zynischen, zotigen oder schwarzen Humor. Die einen haben heitere Aphorismen, Anekdoten und Witze parat, andere sind mit Schlagfertigkeit begnadet, lassen nicht eine einzige Steilvorlagen aus. Was mögen Sie? Chaotischen Slapstick oder politisches Kabarett, Wortspiele, Parodien oder Comedy?

Hinzu kommen die vermeintlichen Unterschiede im Humor der Geschlechter. Der Mann habe Humor, wenn er reihenweise Witze erzählen, die Frau, wenn sie darüber lachen kann. Und schaut man ins Ausland, ist man vollends verunsichert, zu viel hat man gehört und erlebt vom speziellen Humor einiger Völker: Vom permanenten Witzeln der Engländer oder von der angeblichen Humorlosigkeit der Schweden und Schweizer. Abgesehen davon, dass hier einiges zu relativieren, mit Vorurteilen aufzuräumen ist – die fast unüberschaubare Vielfalt des Humors müssen wir kurz behandeln, um uns anschließend von ihr befreien zu können. Denn erst dann, wenn Sie das Dickicht der verschiedenen Formen und Arten des Humors durchschauen, werden Sie sein einheitliches

Wesen, seinen stets und überall gleichen Kern darin entdecken.

Ein Chamäleon namens Humor

Humor ist auch deshalb kaum zu fassen, weil er uns mit seinem vielfältigen, sich wandelnden Aussehen fasziniert und verwirrt. Für jeden Menschen, jede Situation, jedes Medium, jeden Zweck und Geschmack scheint es verschiedene Spielarten, Formen und Gestalten des Humors zu geben, dass man nicht mehr hinterherkommt, sie zu definieren. Außerdem ist Humor, wie bereits dargestellt, nicht genau abzugrenzen, wird sowohl im engeren als auch im weiteren Sinne verstanden. Die Begriffe Humor und humoristisch bezeichnen darüber hinaus das Genre von Erzählungen, Kurzgeschichten, Artikeln, Sprüchen, Gedichten, Filmen, Serien und Theaterstücken ebenso wie die gespeicherten, abrufbaren Inhalte in Büchern, Zeitungen, Zeitschriften und Dateien, im Internet, Radio und Fernsehen oder auf Bildern, DVDs, Blu-rays, USB-Sticks und Festplatten.

Humor entsteht und erscheint auf vollkommen verschiedene Weise, was die Erkenntnis über ihn deutlich erschwert: Humor als spontaner Geistesblitz und Gefühlsregung oder wohlüberlegt vorbereitet, in natura vorgetragen, gedruckt zu lesen oder in digitaler Form konserviert, dabei als Scherz, Schabernack oder Schüttelreim, als Gaudi, Zote, Aphorismus, Büttenrede. Das eine Mal im Zusammenhang mit einer Anspielung, ironischen oder spöttischen Bemerkung, ein anderes Mal als Cartoon, Comic, Karikatur, Pantomime oder Kabarett. Allein die klassische Komödie kennt diverse Spielarten, etwa als Verwechslungskomödie, Tragikomödie und schwarze Komödie oder als Schwank, Posse, Farce, Groteske, Persiflage, Slapstick und Parodie.

Hinzu kommt die Comedy in immer neuen Formaten:

Neben versteckten Kameras, Pannenshows, Sketchserien, Spaßtelefonen, Stand-up-Auftritten, satirischen Wochenrückblicken, Witzewettstreits, Sitcoms und Comedy-Shows beschert man uns mittlerweile Errungenschaften wie Impro-Comedy, Comedy-News, Comedy-Talk, Doku-Comedy, Comedy-Gala, Comedy-Quiz, Wissenschafts-Comedy, Stammtisch-Comedy, Frauen-Comedy, Crime-Comedy, Street-Comedy, Umfrage-Comedy, Ethno-Comedy, Senioren-Comedy, Animations-Comedy, Puppet-Comedy oder Dramedy beziehungsweise Dramödie, einen Mix aus Drama und Comedy oder Komödie.

Viele sehen in Comedy nur flache Unterhaltung. Dennoch ist das Schreiben der Vorlagen hochkreative Arbeit, da hier kontinuierlich in kürzester Zeit eine breite und möglichst neuartige Vielfalt an Gags und ganzen Geschichten abzuliefern ist. Bei allen Mängeln und Vorurteilen erweitert Comedy den Horizont der Fantasie und damit des Humors beträchtlich. Comedy holt aus dem letzten belanglosen Winkel des menschlich möglichen wie auch unmöglichen Lebens noch Komik heraus, indem sie eine bunte Palette von Techniken anwendet und dabei auf die Kraft des komödiantischen Schauspiels setzt. Wenn die Gags gelungen sind, den Geschmack nicht völlig verfehlen, vermitteln sie eine Menge Aufschlussreiches über das menschliche Wesen, über unsere Fehler, Macken, Sünden und die falsche Illusion, mit unseren Zeitgenossen harmonisch zusammenleben zu können.

Andererseits birgt die Massenproduktion von Comedy das Risiko, dass sie zunehmend billig, beliebig, abgedroschen, flach, derb und zwanghaft aufgesetzt wirken kann, sich ständig wiederholt und inmitten der Flut grellbunter, dröhnender Effekte und alberner Hampeleien nicht selten wahre Komik vermissen lässt. Zudem ist sie auf eine bestimmte Werbezielgruppe fixiert, meist für jüngeres Publikum gedacht. Bei den Sketchserien der Achtzigerjahre war das anders: Mit ihrem breit angelegten, gepflegten, gemächlichen und subtileren Humor haben sie fast jede

Altersgruppe, fast jedes Bildungsniveau getroffen.

Doch ob es sich nun um schrille Comedy handelt, um einzelne Gags oder eine komplette Sitcom mit eingespielten blöden Lachsalven, ob um wilden Slapstick oder leise Bonmots, um beißende Satire oder leichtfüßige Anekdoten, um rabenschwarzen englischen Humor, einen anzüglichen Witz oder harmlosen Scherz – alles hat seine Berechtigung und seinen Wert, und hinter allem versteckt sich in gleicher Weise das gesuchte einheitliche Muster. Wir müssen es nur erkennen und durchschauen, um es für unsere praktischen Zwecke selbst anwenden zu können.

Frauen, Männer und Humor

Gern wird behauptet, Männer seien witziger als Frauen und hätten mehr Humor. Tatsache ist, dass Frauen im Zusammenhang mit gemeinsamen Erlebnissen, kleinen Geschichten und realen Situationen eine Menge miteinander zu scherzen verstehen und dabei keine Scheu zeigen, sich selbst auf die Schippe zu nehmen. Dagegen mögen viele Männer eher die zotigen und herabsetzenden Minderheitenwitze, die inhaltlich nicht unbedingt etwas mit der momentanen Situation, einem Anlass oder den Gefühlen der Männer zu tun haben. Meist betrifft das gewisse Gelegenheiten, bei denen sich Männer entweder unter ihresgleichen gegenseitig zu übertrumpfen versuchen oder sich durch das Kichern geneigter Frauen oder schallende Gelächter böser Mädchen angefeuert sehen. Berüchtigt für derlei Erscheinungen sind Kegelvereine, der Karneval, Schützenfeste, Weihnachtsfeiern, Betriebsfeste und abendliches Beisammensein an den Bars der Messehotels.

Durchaus können Männer genauso nett plaudernd und gewinnend humorvoll sein, sich die Bälle zuwerfen, aus realen Situationen heraus schlagfertig kontern, auch wenn das dann mehr der Selbstinszenierung dient. Insofern nähert sich der Humor der Geschlechter allmählich an, wie die Geschlechter das bei anderen Merkmalen ebenso tun. So finden weder allein Männer Gefallen an Zoten, Kalauern oder schwarzem Humor noch nutzen nur sie ihre Schlagfertigkeit, um sich zu behaupten. Und über böse Scherze auf Kosten der Männer konnten Frauen schon immer gut lachen, längst nicht bloß oberhalb der Gürtellinie. Nur geschieht das in reinen Frauenrunden, wo die Männer es nicht hören, da Frauen vermehrt Rücksicht auf das Zwischenmenschliche nehmen, es aufgrund ihrer sozialen Ader, ihres Helfer- oder Mutterkomplexes kultiviert zu verhindern pflegen, die oft mittels heißer Luft aufgepumpten Männer-Egos anzukratzen.

Männer sind wie Hunde. Wenn man sie streichelt, wackeln sie mit dem Schwänzchen.

Falls Männer und Frauen tatsächlich einen unterschiedlich ausgeprägten und anders gearteten Humor zeigen, muss das nicht genetisch, nicht durch natürliche Interessen und Neigungen zementiert sein. Wir berücksichtigen hier mal nicht, dass die genetischen Abweichungen zwischen Männern und Schimpansen tatsächlich kleiner sind als die zwischen Männern und Frauen. Trotzdem dürfte das jeweilige Humorverhalten bei Männern und Frauen mehr in der Tradition, Gewohnheit, Erziehung und klassischen Rollenverteilung begründet sein.

Er zu ihr: „Es ist immer wieder erstaunlich, dass die hübschesten Mädchen die größten Idioten heiraten." Sie: „Liebling, das ist das schönste Kompliment seit Jahren."

Nicht etwa weil der Mann von intelligenter Natur aus Witze wie am Fließband abspulen kann, ist er beim sexuellen Werben um die Frau zum dominanten Part prädestiniert. Umgekehrt, die Evolution hat ihn mit einer

Extraportion Testosteron ausgestattet und damit zugleich die aktivere Rolle im Liebesspiel zugedacht. Den Humor nutzt er als ein Mittel von vielen, der Frau zu imponieren. Allein die Aussicht auf den Lohn sexueller Befriedigung, für die er bekanntlich einiges aufzubieten bereit ist, motiviert ihn, derart witzig zu sein. In reinen Herrenrunden protzt er mit seinem Humor vor allem deshalb, um möglichen Konkurrenten Bescheid zu geben, dass er der Auserwählte zwecks Fortpflanzung sein sollte.

> *„Ich muss stets die Treppe nehmen.“ „Wieso das?“ „Meine Freundin hat gesagt, in dem Aufzug könne ich mich nicht sehen lassen.“*

In solchen Situationen könnte man glauben, es gäbe bei Männern ein eigenes Witz- und Blödelhormon. Dabei handelt es sich nur um den üblichen Cocktail anregender und die Kreativität fördernder Wirksubstanzen. Ein bestimmter Testosteronspiegel ist keine Bedingung, um witzig und humorvoll zu sein. Testosteron macht die Männer mutiger, hemmungsloser, aggressiver, was diesen recht eigentümlichen Humor hervorrufen kann: Diesen speziellen, beinahe schon als ausgestorben geltenden pubertierenden, kalauernden, diskriminierenden, sexistischen, rassistischen, makabren, zynischen, zotigen, herrenwitzigen Überlegenheitshumor.

Doch, Frauen, nicht zu früh gefreut: Die Kompatibilität der Geschlechter bleibt trotz einer erfreulicherweise vermehrt auftretenden Spezies korrekter Frauenversteher weiterhin leider eingeschränkt. Solche Männer mögen kochen, einkaufen, putzen, sich liebevoll um die Kinder kümmern und daher zeitgemäß, handlich, nützlich und behaglich für Frauen im Umgang sein. Nur ist da vieles erzwungen, wird mürrisch ertragen, insgeheim verdammt und mit der Zeit schlecht verdaut.

Am Ende fehlt diesen Männern, die sich in vorauseilendem Gehorsam allzu leichtfertig von ihrem Chauvi-

Humor verabschieden, ein Ventil, was zu seelischen Verwerfungen, ausbleibenden Erektionen oder Schweißausbrüchen führen kann. Denn wenn Frauen die Männer immer weiter in den Schatten stellen, mit ihrer Leistung, Unermüdlichkeit, Karriere, einer Quote sowie besseren Kommunikation inklusive Humor, könnten Paranoia, Depressionen und Phobien bald auch zunehmend die Männer befallen. Der heutige Mann ist im offiziellen Umgang zwar annehmbar domestiziert, nur innerlich nicht genug Multitasking-gerecht feminin assimiliert; viele Männer verkraften die Frauenpower auf Dauer in der Seele nicht, ohne ihren Steinzeit-Humor schon gar nicht.

> *Was ist der Unterschied zwischen Männern und Schweinen? Schweine verwandeln sich nicht in Männer, wenn sie betrunken sind.*

Bedingt durch erhöhte Risikolust und Suizidneigung, mehr Unfälle und Süchte, insbesondere Alkohol, verschleppte Leiden, Furcht vor Ärzten, ungesunden Lebensstil, fehlende Selbstreflexion, körperliche Unausgeglichenheit, Sorge um die Karriere und Angst vor sozialem Abstieg haben es Männer bereits schwer genug mit ihrem Wohlbefinden, was sie bloß nicht zugeben und zeigen. Außerdem wissen sie sich niemandem anzuvertrauen mit ihren Ängsten und sonstigen Gefühlen, haben bei handfesten Partnerschaftskonflikten oft keine echten, hilfreichen Freunde.

Laut Studie verstärke Alkohol die ansteckende Wirkung des Lachens in Männerrunden. Allerdings nur, wenn keine Frau dabei ist. Ja, gut, ist halt so, und ließe sich in verschiedene Richtungen interpretieren. Fakt ist aber, dass viele Männer ihren eigenen, meistenteils radikalen Humor weiterhin sehr wohl brauchen. Denn der erfüllt soziale und psychologische Funktionen: für das männliche Selbstverständnis, als Nörgelabwehr, Östrogenblocker und Genugtuung für den Sitzpinkelterror oder als Trennungströster,

Sexersatz, Feminisierungsbremse, Quotengegengift, innerer Korrektor des Gender-Verbalismus. Auch entspannt oder belebt dieser Humor das ohnehin von Grunzen, Grölen oder beharrlichem Schweigen, von endlosem Fachsimpeln, Referieren und Geschichtenerzählen, von Größenvergleichen, Konkurrenzgebaren und Schaumschlägerei gezeichnete Verhältnis zwischen Männern und schont dadurch vielleicht deren Leber.

> *Erzählt Tom seinem Freund: „Ich habe mit meiner Frau nur noch ausgefallenen Sex." „Und wie sieht der aus?" „Letzte Woche ausgefallen, diese Woche ausgefallen ..."*

Da die ersten vierzig Jahre in der Kindheit eines Mannes die schwierigsten sind, sollte er seinen Höhlenmenschenhumor in dieser Zeit, dem Graus einiger unter lästigen Männern leidenden Frauen zum Trotz, ruhig weiterhin ausleben, aber gezähmt, möglichst unter Gleichgesinnten, selbst wenn Nonsens-, Minderheiten-, Herren- und Blondinenwitze nicht mehr so ganz den Zeitgeist treffen, nicht für Partys, Partnerschaft, Kollegenschaft und Geschäftsleben taugen.

Wenn Männer trotzdem wollen, dass auch Frauen authentisch über ihren Freak-Humor lachen, sollten die Männer sich anstrengen, ihren Witz auffrischen und feinschleifen, auf die Situation, deren Geist und Publikum abstimmen.

Nicht allen Frauen missfällt übrigens dieser Humor, es kommt darauf an, wann, wo, mit wem bei welcher Musik und wie viel Promille er seine schlüpfrigen Gags von der maskulinen Leine lässt. Frauen möchten von Männern nur beachtet, höflich und fair behandelt, möchten respektiert, nach wie vor gelegentlich auf Händen getragen werden. Und was Frauen garantiert nicht wollen, ist, allein aufgrund ihres Geschlechts unterschätzt, übergangen oder herabgesetzt, mit unliebsamen Pflichten überladen, mit Vorurteilen, abschätzigen Blicken und dummen Sprüchen konfrontiert, vom falschen Typ blöd angemacht, von roher körperlicher Überlegenheit samt geistig-kultureller Leere bedrängt zu werden. Dazu fällt es ihnen schwer, anders als Männern, ihr Begehren nach Vernunft, Ernsthaftigkeit und Einvernehmen, ihr Mindestniveau, ihre Grundansprüche und Geschmacksgrenzen in lockerer Weise spontan auch mal zu unterbieten.

Im Bett bin ich eine Rakete. Manchmal wacht meine Freundin sogar auf, wenn ich fertig bin.

Obwohl Frauen anders könnten, nutzen sie deshalb deutlich seltener als Männer die Gelegenheit, schlichtweg mit Humor zu punkten, originell zu gefallen, sich souverän-elegant zu behaupten. Intuitiv spüren sie, dass Scherze, Witz, Humor und Komik mit Zweideutigkeiten, Ironie, Zynismus, Spott und Schadenfreude zu tun haben. Und so halten sie sich leider oft zurück, da sie nicht unnötig Staub aufwirbeln möchten, zu Nettigkeit und Harmonie neigen, nicht anecken, kein Risiko eingehen wollen, es häufiger als Männer, soweit ihnen etwas wirklich wichtig ist, absolut ernst meinen und dann entsprechend weniger Spaß verstehen.

Eine Frau in der Apotheke: „Ich hätte gern fünf Gramm Arsen.“ Darauf der Apotheker: „Haben Sie ein Rezept?“ „Nein, aber ein Foto von meinem Mann.“

Womöglich ist dies ja eine der Ursachen zunehmender Humorlosigkeit im geschäftigen Alltag: Frauen trauen sich noch nicht recht, Männer nicht mehr so richtig. Doch ob in Politik, Management, Lehre, Verkauf, Betreuung, Therapie, Familie oder Partnerschaft – Frauen haben für guten Humor eigentlich die besseren Voraussetzungen. Nicht nur, weil das weibliche Wesen von Natur aus zwiespältiger zu sein scheint, so zwiespältig wie der Humor aufgebaut ist. Die Pointen sind bei Frauen vielleicht etwas sanfter, in ihrer Komik sind Frauen dafür subtiler, selbstironischer und lebensnäher. Ihr Gehirn ist besser vernetzt, woraus sich die intuitive und kommunikative Stärke ergibt, ein Blick fürs Ganze sowie eine Kreativität auch in den kleinen Dingen des Alltags. Zudem sind Frauen stärker am menschlichen Faktor interessiert, an all unseren Fehlern, Komplexen und Schwächen, an unseren psychologischen und sozialen Leidensquellen. Gerade aber dieser menschliche Faktor in den alltäglichen Angelegenheiten ist der entscheidende Aufhänger, die Seele des Humors.

Nachdem Gott die Welt erschaffen hatte, schuf er Mann und Frau. Um das Ganze vor dem Untergang zu bewahren, erfand er den Humor.

Guillermo Mordillo

Humor der Völker

Humor spricht verschiedene Sprachen und Dialekte. Für jedes Volk, für beinahe jede Landesregion scheint ein eigenes Humorverständnis typisch zu sein. Soweit, wie bereits behandelt, die Deutschen überhaupt mal Humor zeigen, beißt sich dann wiederum Kölner Karnevalsheiterkeit mit frech-flotter Berliner Schnauze, fremdelt die kühle hanseatische Trockenkomik mit dem urigen bajuwarischen Schenkelklopferfrohsinn. Und im Vergleich zum hinterlistig-schelmisch anmutenden schwäbischen Humor wirkt der prollige Ruhrpottwitz ein Stück weit derber.

Für die Briten enthält demgegenüber nahezu jede Situation eine komische Komponente, deren Vernachlässigung eine Todsünde wäre. Humorlosigkeit ist für die Inselbewohner insofern kein Kavaliersdelikt mehr, sondern ein Charakterfehler. Die Palette des Humors reicht dort von der legendären Gelassenheit des royalen Understatements über die tabulose Klamauk-Satire unter sämtlichen Gürtellinien gegen alles und jeden bis hin zur Blut und Eingeweide spritzenden Schwarzkomik. Der Brite kann immer: witzig sein. Als hemmungslos und unberechenbar ist er bekannt, der britische Humor, und er sagt viel aus über Nährboden und Funktion des Humors generell: Die Briten sind ein Volk, das sich laut Studien viel häufiger am Tag ärgert als andere Nationen. Eventuell rührt das von der Schmach des geschrumpften Empires her. Zusätzlich befeuert wird dieser Humor vom altmodischen Linksfahren. Denn nachgewiesen ist: Wer beim rationalen Denken die rechte Gehirnhälfte stimuliert, ist kreativer. Vielleicht sind daher Australier ähnlich lustig unterwegs.

> *Humor ist eines der besten Kleidungsstücke, die man in Gesellschaft tragen kann.*
>
> *William Shakespeare*

Im Unterschied zur allgegenwärtig lockeren Inselkomik kommt der österreichische Humor etwas seltener, steifer und gediegener rüber, wohl auch wegen der Sprache und des gezogenen Tonfalls. Dieser Humor ist komplex, widersprüchlich, nicht zu erklären. Die Deutschen nehmen ihn als raunzende Freundlichkeit wahr, als zynischen Charme, wohlwollende Schlitzohrigkeit oder derbe Hintergründigkeit in einer Art pointenfreier Dialog von Eingeweihten. Böse Zungen behaupten, der österreichische Humor sei etwas verstaubt und selbstgefällig, morbid bis depressiv. Ihren Humor nehmen die Österreicher jedenfalls ernst, und zwar so sehr, dass es schon wieder lustig wird. Über die Grenzen hinaus bekannt sind die altbackenen Witze um den vertrottelten Grafen Bobby, der es immer wieder schafft, mit ahnungsloser Gelassenheit und kindlich naiver Logik über das Glatteis der heilen Welt zu rutschen aus Wiener Walzer, Wiener Schnitzel und Volksmusik, aus Operette, Sachertorte und Mozartkugeln.

Nachdem sich Graf Bobby im Fotoladen diverse Alben mit Bildern verschiedener Anlässe in sämtlichen Größen und Perspektiven langwierig hat vorlegen lassen, fragt ihn der stolze Fotograf, wie ihm denn die Zeugnisse seiner Kunst gefallen würden: „Ach wissen's, net so recht, i dacht ja mehr an ein Foto, auf dem i selbst zu sehen bin."

Nicht übermäßig viel Humor sollen ja Italiener haben. Angesichts der ständigen Sonne, kulinarischen Köstlichkeiten und bezaubernden Landschaften brauchten sie ihn lange Zeit wohl nicht. Und da im wirren Gerede sowieso niemand dem anderen zuhört, lohnt es erst gar nicht, sich humorvoll groß ins Zeug zu legen. Naturgemäß steht den Italienern der Sinn mehr nach pathetischen Beteuerungen, Opern und Tragödien mit Vorliebe lautstark in breiter Öffentlichkeit auf überfüllten Strade und Piazze. Während früher die harmlosen Witze über Priester und Carabinieri dominierten, schlägt in den Medien mittlerweile erbarmungslos die politische Satire zu, für unser Verständnis vielleicht etwas zu derb, schrill und kantig. Wobei wir Deutschen nicht gerade ein Maßstab sind.

Inzwischen wird auch in Italien über ein breiteres Spektrum an Themen gelacht, wobei ein Nord-Süd-Gefälle erkennbar bleibt: je heißer, trockener und mafiöser, desto humorloser. Überall dort jedoch, wo die moderne Wirtschaft mit Druck, Verschuldung und strengem Arbeitsrhythmus weniger Raum für Dolce Vita lässt, wo selbst im Land des Cappuccino und Espresso stressbedingt immer häufiger auf koffeinfreien Kaffee zurückgegriffen wird, verlangt es die Italiener zunehmend nach Humor.

Mit den Deutschen halten sie aber nicht mit, obwohl das eigentlich nicht schwer sein dürfte. Humor ist eben etwas anderes als Freundlichkeit, Lebendigkeit, Eloquenz und Charme. Mit ein Grund für den leichten Humorrückstand könnte darin bestehen, dass es psychisch den Italienern laut Statistik verhältnismäßig gut geht: Bei allen wirtschaftlichen und politischen Schwierigkeiten zerbrechen sie sich zur selben Zeit über 2,8 Probleme den Kopf, während die Deutschen auf 3,7 kommen.

Doch Probleme sind relativ, subjektiv groß oder klein, eine Katastrophe oder Herausforderung, oft hausgemacht, und wir wissen: der Deutsche jammert gern auf hohem Niveau. Auf der einen Seite könnte man folgern, dass diejenigen, die mit zahlreicheren Sorgen zu kämpfen haben, mehr Humor brauchen. Andererseits kann einem der Humor wiederum leichter vergehen. Insofern sind derartige Theorien und Studien im Grunde unhaltbar, können sich die Italiener in der passenden Situation genauso gut amüsieren wie die Deutschen, Schweden oder Schweizer.

Moment: Wie der Schweizer, tatsächlich? Ein paar Abstriche muss man bei den Eidgenossen anscheinend hinnehmen. Wer hat's erfunden? Die Schweizer den Humor vermutlich nicht. Zufrieden mit Land, Leuten und Leben wohnen die meisten Schweizer nett und betulich inmitten ihrer sauberen Umwelt, sauberen Demokratie und sauberen Bankenlandschaft. In der Schweiz ist alles dermaßen sauber, da wird sogar das Geld gewaschen. Nur dass eben die Schreibschrift noch unsauber ausfällt, weshalb die Eidgenossen sie kurzerhand abschaffen wollen. Ähnlich wie die Spanier, die sich über geizige Katalanen, arrogante Madrider, grobe Basken und faule Andalusier lustig machen, lästern in der Schweiz zumindest die Kantone gern übereinander.

Einst führend in Europa waren die Schweizer beim therapeutischen Humor, bedeutende internationale Kongresse fanden dort statt. Zwei Psychologen der Zürcher Universität versuchen es noch immer, den Menschen systematisch Humor einzuhauchen – wie vorbildlich, das Problem wurde demnach erkannt, nur sind die Schweizer nicht ganz so geschwind. Dafür aber entspannt, sympathisch, selbstbewusst und direkt demokratisch. Und Weltmeister sind sie im Schokoladenkonsum. Wer folgt auf Platz zwei? Sie ahnen es: Die Deutschen, natürlich.

Wozu braucht es da anstrengenden Humor, wenn man sich den nötigen Glückshormonspiegel viel einfacher mit der Formel Zucker plus Fett plus Kakao zu verschaffen versteht? Die Kanadier, ein ebenfalls nicht sonderlich humorvolles Volk, wissen sich gleichsam zu helfen: Mit beachtlichem Vorsprung sind sie die Weltmeister im Kiffen.

Ein Schweizer liegt im Krankenhaus, diverse Knochen gebrochen. Sein Nachbar fragt ihn: „Wie ist das passiert?" Der Schweizer: „Ich bin Bärenjäger, und so stand ich an einer kleinen Höhle und rief: Huchu Bärli. Ja und dann kam ein kleiner Bär heraus, und den habe ich laufen lassen. Dann bin ich zu einer mittelgroßen Höhle und rief: Huchu Bärli. Da kam ein mittelgroßer Bär heraus, doch immer noch zu klein. Dann bin ich zu einer richtig großen Höhle, und wieder: Huchu Bärli!" „Und dann?" „Dann kam der Alpen-Express."

Globaler Humor

Bei all den Besonderheiten im Humor der Völker, Regionen, Generationen und Geschlechter fällt auf heutzutage: Je mehr Länder man betrachtet und Menschen von dort trifft, je mehr Publikationen über den Humor der Welt man liest, desto mehr verwischen sich die vermeintlichen Unterschiede. Es gibt keine bekannte, ernst zu nehmende Studie, die beweist, dass irgendwelche Menschengruppen und Nationen ein grundlegend anderes natürliches Humorverständnis hätten. Geprägt sind die Humorvarianten allenfalls von Unterschieden nach Mentalität, Kultur, Tradition und Religion. Dementsprechend kommen sie dann häufiger vor oder werden unterdrückt, sind unüblich, verpönt oder sogar verboten. Abweichungen gibt es vor allem bei den vorherrschenden Themen sowie dahingehend, wo der Humor stattfindet, wo auch Fremde ihn also erleben können, oder eben nicht: öffentlich auf Straßen und Plätzen, in Kneipen und den Medien oder anonym im Netz, geschützt im Kollegen-, Freundes- und Familienkreis.

Dass Amerikaner exzessive Übertreibungen lieben, liegt daran, dass bei ihnen alles XXL ist. Franzosen lachen über Seitensprungwitze und gehörnte Ehemänner, weil sie das Frequentieren fremder Betten nicht nur genießen, beim Partner genauso fürchten. Briten lässt das Thema eher kalt, da sie, wie man nicht erst seit Inspector Barnaby weiß, das Problem gern auf andere, nämlich endgültige Weise lösen.

Die Globalisierung und Migration sowie die wachsende Mobilität der Menschen infolge des Wandels auf dem Arbeitsmarkt durchmischt nicht bloß Dialekte, Volksgruppen, Nationen und Kulturen, sondern ebenso deren Humor. In den Unternehmen gibt es immer weniger Stammbelegschaften. Durch international gemischte Teams sowie durch Leiharbeit, Projektarbeit, befristete Verträge, geteilte Schreibtische und Heimarbeit kann sich kaum noch ein homogener, sich abgrenzender Gruppenhumor bilden.

Findet sich dann doch mal eine Gruppe von Mitarbeitern, Geschäftspartnern, Studierenden, Reisenden, Vereinsschützen oder Feierfreunden zusammen, die mit ihrem gemeinsamen Humor andere Menschen ausgrenzen könnten, ist das kein Beweis gegen den Siegeszug des globalen Humors. Denn jede Gruppe humorvoller Menschen ist ein Anfang, ein Gewinn für den Einzelnen. Der gemeinsame Humor bietet Zusammenhalt, Anregung, Entspannung, eine bessere Stimmung, Geborgenheit und Freude, während der Einzelne sich mit seinem Humor dort beweisen, behaupten, Geltung verschaffen kann. In einer solchen Atmosphäre gedeihen Motivation, Leistung, Lernbereitschaft, Kreativität und Zufriedenheit ungleich besser, und das wirkt nach außen: Ein Nichtbeteiligter wird animiert bisweilen, sich entweder dieser oder einer anderen Gruppe anzuschließen oder eine eigene Gruppe, die ähnlich witzig und humorvoll ist, um sich zu scharen.

Selbst wenn sich manch Außenstehender vom gemeinsamen Gelächter einer Gruppe zunächst gestört, verdrängt oder ausgegrenzt fühlen mag, geht von deren Humor letztlich eine positive Beispielwirkung aus. So regt eine Gruppe den Humor der Menschen an, trainiert ihn, demonstriert die vorteilhaften Wirkungen des Humors, bringt die Menschen zusammen, baut Vorurteile ab, fördert Kontakte und Kommunikation, und zwar über Gruppengrenzen hinweg, weil viele der Gruppen sich in ihrer Zusammensetzung ändern oder auflösen, mit anderen Leuten neu entstehen.

Beitragen zur Globalisierung des Humors dürften ebenso all die Sketche vom Fließband nach internationalem Schnittmuster sowie die Fülle amerikanischer Sitcoms in den Fernsehprogrammen einer ständig wachsenden Zahl von Ländern; Situationskomik wird weltweit von fast jedem Menschen verstanden.

Die scheinbaren Besonderheiten im Humor der Völker sind bislang größtenteils anhand von Witzen identifiziert worden, was keine Spur repräsentativ ist. Die Mehrzahl der Witze spricht jeweils nur bestimmte Menschengruppen an, während es ein bei Vorlieben, Geschmack und Anspruch homogenes Volk gar nicht gibt. Witze sind kein angemessenes Kriterium für Humor, für seine unbegrenzte Vielfalt schon gar nicht, heutzutage immer weniger.

Insofern kommt man weder mit Witzen noch mit speziellen Wortspielen, Vereinsgaudi oder regionalen Spaßritualen gut durch die Welt. Versucht man es hingegen mit ganz natürlichen Scherzen, die aus realen zwischenmenschlichen Alltagssituationen resultieren, mit Tier-Cartoons oder Slapstick à la Mr. Bean, kann man in den meisten Ländern dieser Welt fast immer eines Lachens oder Lächelns sicher sein. Über nationale, regionale, kulturelle, religiöse, soziale, geschlechtliche und sprachliche Unterschiede hinweg lassen sich auf die Art Fremdheit und Misstrauen abbauen für mehr Kommunikation, Verständnis und menschlichen Zusammenhalt.

Die Praktiker müssten es wissen

Wir unterstellen also bis hierher eine Art Grundhumor, der für jede Nation, beide Geschlechter und jeden Menschen gelten soll und befragen in einem nächsten Schritt einmal fiktive Sketch-Autoren, was aus deren Sicht Humor ausmachen könnte: Sicher würden die gleich mit professionellen Begriffen um sich werfen wie Location, Setting, Atmo, Set-up, Twist und Punchline. Im Wesentlichen gehe es darum, eine absolut alltägliche Situation zu etablieren, dadurch eine feste Erwartungshaltung aufzubauen, diese zu überhöhen oder zu brechen und ein lustiges Schlussbild dranzuhängen. Zu vermeiden seien faule Tricks sowie moralisierende und politische Aussagen.

So weit, so halbwegs klar, das eben macht Comedy aus. Typisch dafür ist die Szene mit dem Pärchen beim heißen Vorspiel: Der Mann will Sex, die Frau sperrt sich, unklar ist, weshalb. Vielleicht liegt es am Schauplatz des Geschehens: ein Fahrstuhl, ein Büro, die Küche oder Sauna. Dann fährt die Kamera zurück und wir sehen als Pointe, Sie ahnen es: im Fahrstuhl stehen, in Büro, Küche und Sauna sitzen weitere Leute, sehen zu und schütteln pikiert die Köpfe. Üblich ist die Masche im Fernsehen, nur nach der dritten Anwendung so spannend wie das zweite Frühstück eines Finanzbeamten. Erwartungen lassen sich in jedem beliebigen Job überhöhen oder brechen, meist von ungerechten, cholerischen Chefs und leider auf wenig erheiternde Art. Die Frage, wodurch etwas lustig wird, bleibt offen.

Als Nächstes könnte man sich bei einem Kabarettisten erkundigen, was in seinem Milieu unter Komik verstanden wird, und er würde uns sagen: Aktuell bewegende Themen, reale Missstände und öffentliche Personen samt deren umstrittenen Aussagen und Verhaltensweisen nehme man aufs satirische Korn. Auf dem politischen Feld ginge das gern von Links nach Rechts, aber auch gegen Links, wenn's dort mal radikaler oder rein personell wird.

Mit Ironie, Zynismus, Sarkasmus, Spott, Polemik und erhobenem Zeigefinger würden auf der kabarettistischen Bühne empörende Hintergrundinformationen entlarvend veranschaulicht und aufgebauscht oder Einzelheiten aus dem Zusammenhang gerissen, in hanebüchenen Kontrasten, absurden Vergleichen und originellen Metaphern neu gemixt, pathetisch überspitzt, vertrottelt, verniedlicht, umgekehrt oder in schrägem Schauspiel bis zum Irrsinn weitergesponnen. Beim Publikum werde dadurch ein Gefühl der Überlegenheit, Genugtuung und Schadenfreude als Illusion des Ausgleichs dafür erzeugt, dass die Politiker und sonstigen Promis sich deutlich mehr erlauben als wir. Und dass sie so weitermachen wie bisher, sich weder um uns noch um die Satire scheren, stattdessen ungeniert ihre Macht, ihre Eitelkeit und Privilegien ausleben dürfen.

Wir kommen voran, doch gilt das Gesagte auch hier nicht für jede Art von Humor. Deshalb könnten wir zum Schluss eine Drehbuchautorin für Komödien und Sitcoms konsultieren: Sie erzählte wahrscheinlich davon, dass man nur die richtigen Rahmenbedingungen brauche, woraus dann zwangsläufig Situationskomik entstehe. Notwendig seien ein angesagtes, von jedem emotional nachvollziehbares Thema, ein heikler Grundkonflikt, sich kreuzende Handlungsstränge, Spannungsbögen sowie Charaktere mit Profil, bestenfalls eine komische Figur. Zum Beispiel jener junge Mann, der nur in dem einen Fall bei der netten jungen Frau zur Untermiete wohnen darf, wenn er schwul ist. Das täuscht er auch vor, verliebt sich aber prompt in sie. Verwicklungen und Überraschungen sind vorprogrammiert durch clevere Ablenkungsmanöver, schlüpfrige

Andeutungen und peinliche Verwechslungen, verbunden mit bösen und glücklichen Zufällen, Tollpatschigkeiten, Beinahe-Enthüllungen, dummen Gesichtern und spritzigen Dialogen. Nicht zu vergessen die komödiantischen Fähigkeiten der Darsteller sowie perfektes Timing. Und da Lachen bekanntlich ansteckt, wird das bei Sketchen und Sitcoms manchmal gleich mitgeliefert.

Für den Bereich Bühne, Film und Fernsehen mag es sich um brauchbare Besonderheiten, notwendige Zutaten und Geschmacksverstärker handeln – die tiefere Quelle der Komik bleibt uns weiterhin verborgen.

Allmählich gleiche Muster erkennen

Einiges von dem, was wir suchen, ist in den fiktiven Expertenaussagen bereits enthalten, nur eben nicht gültig für jeden Humor. Fangen wir mit drei einfachen Beispielen an:

„Ich habe meinen Freund gefragt, wie lange die Party gehen soll. Er schwankt noch."

„Warum sieht er nach dem Sport so schlecht aus?" „Er ist gegen die Uhr gelaufen."

„Ich habe letzte Nacht wieder kein Auge zugekriegt." „Kein Wunder, mit offenen Augen könnte ich auch nicht schlafen."

Wenn Sie lange genug auf diese Beispiele schauen, sie versuchen zu analysieren, miteinander zu vergleichen, was da gegenüber einer geradlinigen, ernsthaften Aussage anders sein könnte, werden Sie irgendwann auf gleiche, stets wiederkehrende Muster stoßen. In Ihren Scherzen wenden Sie diese Muster womöglich selbst regelmäßig an, ohne sich dessen bewusst zu sein:

So basieren alle drei Beispiele auf der wörtlichen

Auslegung eines übertragenen Sinns. Dazu die gute Nachricht: Sie werden dieses Schema später, und zwar im dritten Buch, noch genauer kennenlernen, damit Sie es in Ihren Alltagssituationen praktisch sicherer anwenden, Ihren Humor variieren und erweitern können. Doch ist eine solche allseits beliebte wörtliche Auslegung, und das sei die schlechte Nachricht, wieder nur eines von vielen möglichen Mustern: Wie zum Beispiel das absichtliche Missverstehen einer Frage oder Aussage: „Ich kann mich ja irren, aber ich glaube, Sie sind diese Woche bereits das dritte Mal viel zu früh nach Hause gegangen!" Angesichts einer derartigen Unterstellung des Vorgesetzten sollten wir souverän und elegant, also mit Humor reagieren: „Chef, Sie haben Recht, Sie irren sich."

Auch das folgende Beispiel beruht auf dieser zweiten Masche:

> *„Wieso lesen Sie Zeitung am Arbeitsplatz?" „So kurz vor meinem Urlaub lohnt es einfach nicht, einen neuen Roman anzufangen."*

Der Trick in beiden Fällen: Anstatt wie gewohnt darauf einzugehen, worum es dem Vorgesetzten tatsächlich geht, beziehen wir uns auf eine der Nebenaussagen im Satz. Wir verschieben den gemeinten Schwerpunkt der Frage kurzerhand von „lesen am Arbeitsplatz" auf „Zeitung".

Ein drittes häufig verwendetes Muster spielt schlichtweg mit dem Gegenteil:

> *Die ganze Kunst des Redens besteht darin zu wissen, was man nicht sagen darf.*
>
> *George Canning*

> *Die Erforschung der Krankheiten hat so große Fortschritte gemacht, dass es immer schwieriger wird, einen Menschen zu finden, der völlig gesund ist.*
>
> *Aldous Huxley*

Die letzten sieben Beispiele stehen für gerade mal drei verschiedene Muster. Darüber hinaus gibt es mindestens 19 weitere solcher Muster beziehungsweise Techniken. Nur nützt Ihnen das zunächst herzlich wenig, wenn Sie nicht wissen, wie Humor grundlegend funktioniert. Techniken allein, zudem derart zahlreiche, eignen sich für diesen Zweck erst einmal kaum. Doch genau an diesem Punkt enden die meisten Analysen und Darstellungen über Humor, wenn es um dessen praktische Anwendung geht. Im Unterschied dazu graben wir hier tiefer. Schließlich soll es um das Gemeinsame aller Humorformen, um die universelle Formel des Humors gehen. Sechs weitere Beispiele:

In einer Zeitung ist zu lesen: „28-jährige Entführerin von Neugeborenem festgenommen."

Ein Cartoon zeigt einen Gerichtssaal, in dem der Richter zum Angeklagten spricht: „Sie sollten langsam versuchen, ein anderer Mensch zu werden." Darauf der Angeklagte: „Hab ich versucht. Hat mir sechs Monate wegen Urkundenfälschung und Amtsanmaßung eingebracht!"

Der Kommentar zu einer Meldung könnte wie folgt aussehen: Wissenschaftler warnen: Wir schlafen zu wenig … Stimmt, vor allem miteinander.

In der Fußgängerzone schleicht ein Straßenpantomime hinter einer Politesse her und äfft sie beim Schreiben der Strafzettel nach.

Ein alter Klapphornvers lautet:
Zwei Damen saßen im Coupé, die eine aß ein Praliné.
Die andere konnte nichts essen: sie hatte ihre Zähne vergessen.

Im Schalterraum eines Bankhauses entgleitet einem hochbetagten Herrn der Kontoauszug und flattert zu Boden. Eine junge Frau im kurzen Rock springt herbei, hebt das Papier auf, schaut kurz drauf und reicht es dem Mann mit einem bezaubernden Lächeln zurück. Die Bankangestellte, die diese Szene beobachtet hat, sagt: „Das war sehr aufmerksam von Ihnen." Darauf die junge Frau: „Nein, das war Liebe auf den ersten Blick."

Jedes dieser Beispiele scheint ebenfalls zunächst eigenen Gesetzen oder unterschiedlichen Techniken zu folgen. Wo soll man hier beginnen, nach Gemeinsamkeiten zu suchen? Ein erster Gedankentrick lässt sich anwenden: Wir betrachten die Stilblüte, das Cartoon, den Kommentar, die Parodie, den Klapphornvers und den Schlagfertigkeitswitz nicht in seiner jeweils speziellen Form, sondern als austauschbare Varianten einer grundlegenden Komik, die sich in beliebiger Gestalt ausdrücken lässt:

Das Cartoon mit der Gerichtsszene ginge mühelos auch als Witz weg, während wir uns den Witz mit dem Kontoauszug als Zeichnung oder Sketch, als Gag in einer Komödie oder schlagfertiges Wortspiel einer real erlebten Szene vorstellen können. Die Stilblüte mit dem Neugeborenen, der Kommentar mit dem Schlafen und der Klapphornvers mit den zwei Damen wiederum sind als kleiner Scherz vorstellbar, lassen sich aber ebenso gut zu einer längeren Geschichte ausspinnen.

Die konkrete Erscheinungsform des Humors ist also zweitrangig, entscheidend ist die Komik dahinter als Quelle der Belustigung. Vielleicht ist Ihnen aufgefallen, dass viele der Sketche im Fernsehen auf uralten Witzen basieren wie auch umgekehrt die Witzbücher und das Internet voll sind mit leicht abgewandelten Gags aus Sketchen, Sitcoms und Komödien.

Einer Runde fröhlicher Menschen dürfte es gleichgültig sein, ob das Feuilleton der Sonntagszeitung all die Komik,

Anekdoten, Witze, Scherze und schlagfertigen Sprüche in genau definierte Schubladen einsortieren würde. Die Hauptsache ist doch, man amüsiert sich. Insofern reicht es aus, für den Hausgebrauch zu wissen, wie Humor grundlegend funktioniert, ohne sich erst groß mit diversen Arten, Formen und Eigenheiten zu befassen. Die Verpackung des Humors ergibt sich ohnehin aus dem konkreten Zweck, dem Kontext, der Situation, dem Medium, einer Vorliebe und persönlichen Note.

Ein Modell für jeden Humor: Die Komikeinheit

Der tiefere Kern, die eigentliche Quelle des Komischen, Witzigen, Humorvollen ist vergleichbar mit einer universellen Stammzelle, aus der sich die unterschiedlichen Organe eines Lebewesens entwickeln. Sobald Sie wissen und verstehen, wie diese Stammzelle aufgebaut ist und funktioniert, wird es Ihnen wesentlich leichter fallen, aus Ereignissen, Meldungen, Situation oder Texten Humorvolles abzuleiten. Einzige Bedingung dafür ist, dass all den Geweben, Organen und Körperteilen Ihres Humorversuchs tatsächlich jene Stammzelle in kompletter Struktur zugrunde liegt. Das jeweilige Aussehen als Scherz, Cartoon oder Komödien-Gag ist nur eine Frage der Verpackung, der Ausdrucksform, worüber in anderen Publikationen bereits ausgiebig geschrieben worden ist. Konzentrieren wollen wir uns auf besagte universelle Stammzelle des Humors: auf die Komikeinheit.

Mit dem Wissen um die Komikeinheit kann jeder Mensch seinen Humor verstehen, entwickeln und geschickter anwenden. Die Komikeinheit ist der kleinste gemeinsame Nenner aller Arten von Humor, Witz, Scherz und Komik.

Humorformen wie einzelne Gags, Aphorismen, Witze,

Sketche, Karikaturen, satirische Kommentare, zynische Sprüche oder Cartoons enthalten meist jeweils eine Komikeinheit. Formate hingegen wie Komödien, Stand-up-Comedy, Sitcoms oder Comedy-Shows beziehen ihre Wirkung aus vielen einzelnen Komikeinheiten, die wie Perlen auf den Faden einer Handlung, eines gemeinsamen Grundthemas, Ereignisses, Mottos oder Anlasses gezogen sind.

Absolut jede humoristische oder witzige Wirkung, unabhängig davon, ob als Wort-, Figuren- oder Situationskomik, resultiert aus einzelnen Komikeinheiten. Die komödiantische Leistung des Vortragenden und weitere Effekte stellen dabei entweder selbst eine oder mehrere Komikeinheiten dar oder transportieren und verstärken die lustige Wirkung lediglich.

Die Komikeinheit umfasst die für den Humor notwendigen Ausgangsinformationen, seinen gedanklichen und emotionalen Inhalt sowie eine spezielle Ausdrucksform.

Untersucht man Beispiele, die nicht zünden, nicht als komisch, witzig oder humorvoll empfunden werden, fällt auf, dass zunächst mindestens eines dieser vier Elemente fehlt oder unvollständig ist. In dem Fall können Sie sich mit Ihrem Humorversuch noch so anstrengen, es wird nicht funktionieren. Faktoren wie etwa die Vortragskunst des Humoristen sind schon wichtig zu beachten, aber zweitrangig, beim schriftlichen Humor zum Teil gar nicht erforderlich.

Entscheidend sind stets vier Bausteine der Komikeinheit:

Typisch menschlicher Gegenstand

Der typisch menschliche Gegenstand bietet unserer Komik das Fundament, den Stoff, den Aufhänger, den konkreten Inhalt und Anlass, und zwar mitten aus dem vertrauten menschlichen Leben. Dies gilt selbst dann, wenn sich unser Humor aus lediglich einem Politiker-Unwort, einem verdächtigen Geräusch, einem kaputten Schnürsenkel oder einer Raumstation mit frühpensionierten Fröschen ableitet.

Beim typisch menschlichen Gegenstand geht es um die minimal erforderlichen Informationen, die das Thema, die Figuren, den Schauplatz mit Requisiten und die Situation einer kleinen Humorgeschichte betreffen. Ohne diese Informationen oder eine vage Vorstellung davon im Zusammenhang einer zumindest winzigen, angedeuteten Geschichte wird unser Adressat niemals Komik empfinden können.

Für uns Humorerfinder ist der Gegenstand der entscheidende Baustein. Uns dient er als gedankliches Ausgangsmaterial, als Sprungbrett der Kreativität, als Treibstoff der Inspiration. Haben wir erst einmal den passenden Gegenstand gefunden, der Geist und Fantasie auf Trab bringt, Einfälle provoziert, ist der Rest des Humorprodukts nur noch eine Frage des Wissens um die anderen drei Bausteine der Komikeinheit sowie der Übung und einiger Techniken.

Den typisch menschlichen Gegenstand sollten wir als eine Steilvorlage begreifen, die man nicht verschmähen darf, da sie wertvolles Komikpotenzial in sich birgt. Umgekehrt ausgedrückt: Jeder Humor benötigt eine Steilvorlage, denn ohne Hut vermag niemand ein Kaninchen aus demselben zu zaubern. Ein gewisses Etwas muss immer schon da sein, worauf sich der Humor bezieht, woraus wir das Komik-Kaninchen ziehen können. Und sollten wir für unseren Humor keinen sich lohnenden Gegenstand vorfinden, also kein bewegendes Thema, keinen spektakulären Anlass, keine Meldung zum Aufhorchen, keine heikle Situation, suchen wir gezielt nach Ansatzpunkten und schmücken diese aus, biegen sie zurecht, und zwar so lange bis sich eine brauchbare Steilvorlage für unsere Komik ergibt.

Bereits beim Gegenstand sollten wir unseren

Humoradressaten nicht aus den Augen verlieren, seine Eigenheiten, Erwartungen, Ansprüche, Abneigungen und Vorlieben. Ebenso sollte der Gegenstand einer gewissen Logik folgen, einen Bezug zur Realität sowie zum aktuellen Zeitgeist aufweisen. Hilfreich ist dabei besonders, von den üblichen menschlichen Schwächen, Unsicherheiten, Peinlichkeiten, Ärgernissen und Ängsten auszugehen, denn genau darauf ist absolut jeder Humor angewiesen.

> *Fragt der Steward den seekranken Passagier: „Soll ich Ihnen das Mittagessen in die Kabine bringen oder gleich für Sie über Bord werfen?“*

Mit dem „seekranken Passagier“ kommt das Thema obigen Witzes zum Ausdruck. Vollkommen neu, brandaktuell oder außergewöhnlich ist es nicht, was beim Humor auch niemand erwartet, doch es trifft den Zeitgeist: Kreuzfahrten stehen ungebrochen hoch im Kurs, werden offenbar immer beliebter. Mit Steward und Passagier sind die Figuren, mit dem zu servierenden Mittagessen das Requisit direkt benannt, Schauplatz und Situation aufgrund der gegebenen Hinweise gut vorstellbar.

Längst nicht in jedem Fall müssen diese fünf Bestandteile des typisch menschlichen Gegenstands direkt und namentlich in Erscheinung treten. Stets ist dennoch ein gewisses Quantum an Informationen als Ausgangsmaterial der Komik erforderlich.

Ebenso wie das gebotene Mindestmaß nicht zu unterschreiten ist, dürfen die Informationen auf der anderen Seite nicht Überhand nehmen, damit der Fantasie des Humorkonsumenten ausreichend Raum bleibt, sich die Humorgeschichte nach Belieben auszuschmücken. Vor allem aber muss die Komik spontan funktionieren können, ohne weitere Erklärungen, ohne dass der Humorkonsument erst länger darüber nachdenkt.

Doppeldeutung

An fast jeder Ecke unserer täglichen Kommunikation begegnen uns solche Doppeldeutungen, teils absichtlich, teils unfreiwillig zustande gekommen. Mitunter stören oder verdrehen sie die Verständigung zwischen uns Menschen und verursachen Missverständnisse, manchmal sorgen sie für Würze und Originalität. Denn angesichts der täglich endlosen Flut ermüdender oder beunruhigender Direktbotschaften gieren wir regelrecht nach etwas Abwechslung und Unterhaltung.

Für sich genommen, wirken Doppeldeutungen allenfalls skurril, originell, unterhaltsam – mehr nicht. Dadurch eignen sie sich immerhin für eine aufgelockerte, geistreiche Kommunikation, für Small-Talk, Flirts und schlagfertige Antworten. Doch erst im Zusammenhang mit den anderen drei Bausteinen der Komikeinheit können aus ihnen Witz und Humor entstehen.

Über die weitverbreitete Auffassung hinaus, wonach der sogenannte Doppelsinn als lediglich eine Technik unter vielen angesehen wird, ist die Doppeldeutung als ein wesentlicher, absolut unabkömmlicher Bestandteil jedes Humors zu begreifen.

Dieser zweite Baustein der Komikeinheit betrifft die rationale, gedankliche Seite des Humors. Ein und derselbe Zusammenhang, der sich aus dem typisch menschlichen Gegenstand ergibt, muss sich am Ende zweifach deuten lassen. Betroffen sind davon aber nicht nur Wörter und Wortgruppen, sondern auch Bilder, Handlungen, Situationen, Figuren und Geräusche. Mindestens einer dieser Faktoren spielt in jedem Humor eine Rolle.

Getragen wird die Doppeldeutung von einem möglichst kompakten Doppelausdruck als sprachliche Formulierung, Figur oder Situation. Insofern unterscheiden wir zwischen Wortkomik, Figurenkomik und Situationskomik. Doppelausdrücke der Wortkomik können zum Beispiel auf Homonymen beruhen, also gleichen Begriffen, die für verschiedene Inhalte stehen, oder auf Redewendungen, verkürzten und daher mehrdeutigen Formulierungen, Metaphern und Vergleichen. In der Situationskomik gibt es neben anderen die vorgetäuschten, heimlich mitgehörten, missverständlichen oder verwechselten Gemengelagen. Mithilfe diverser Techniken, etwa der Umkehrung, Verschiebung, Übertreibung oder Modulation lassen sich weitere Doppelausdrücke erzeugen.

Im Doppelausdruck überschneiden sich eine vertraute und eine unerwartete Deutung desjenigen Zusammenhangs, den der typisch menschliche Gegenstand vorgibt. Darin, dass sich beide Deutungen sowohl voneinander abheben als auch einander ähneln oder Verbindungen zwischen ihnen bestehen, liegt eines der grundlegenden Geheimnisse des Humors. Ist dieser Kontrast ausbalanciert, wirkt er verblüffend.

Worin besteht zum Beispiel die Doppeldeutung in dem Witz mit dem seekranken Passagier? Die übliche, vertraute und harmlose Formulierung „über Bord werfen“ steht hier stellvertretend für das, was ein seekranker Passagier ungewollt mitunter tun muss und was ansonsten mit einem weniger stilvollen, streng-säuerliche Assoziationen weckenden Ausdruck bezeichnet wird. Aufgrund des Kontextes im typisch menschlichen Gegenstand ergibt sich für die vorerst unverfängliche Formulierung damit ein neuer, unerwarteter Inhalt. Der Doppelausdruck besteht aus einer neuen Metapher, die beide Deutungen trennt und zugleich in sich vereint.

> *Die Lehrerin fragt den kleinen Max nach der dritten Wurzel aus neun. Max überlegt kurz und sagt: „Ich verweigere die Aussage.“ Die Lehrerin ist entsetzt: „Wie kommst du auf so etwas?“ „Mein Vater ist Anwalt, und daher weiß ich: Mit der Aussage würde ich mich nur selbst belasten.“*

Den Spruch, sich mit einer Aussage selbst zu belasten, kennt man zur Genüge aus diversen Krimis. Somit stellt die Polizei- oder Gerichtsvariante die vertraute Deutung dar. Max, die clevere Anwaltsbrut, hat diese Formulierung auf eine andere Situation angewandt, für die der Spruch normalerweise unüblich ist. Dadurch kommt eine zweite, die unerwartete Deutung ins Spiel. Sich mit einer Aussage belasten, bedeutet in der Schule etwas anderes als bei der Polizei oder vor Gericht. Darin unterscheiden sich beide Deutungen voneinander. Zusammengehalten werden sie zum einen der Form nach durch die einheitliche Formulierung als auch inhaltlich durch Verbindungen, Ähnlichkeiten, gemeinsame Merkmale – hier etwa dergestalt, dass Schüler sich nicht selten wie Verdächtige oder Angeklagte fühlen. Vor allem, wenn der Lehrer die Frage ungenau stellt, sie das Wissensspektrum des Schülers nicht mal tangiert oder er gerade nicht aufgepasst hat. Der Kontrast in der Doppeldeutung des obigen Beispiels ist insofern ausgewogen und funktioniert.

Ungewisser Spott

Hier müssen Sie tapfer sein und umdenken, sich überzeugen lassen, dass entgegen Ihrer bisherigen Annahme jeder Humor mit Spott zu tun hat. Womöglich wird diese Behauptung Ihr Weltbild leicht erschüttern, Ihre Pläne aber, gezielt humorvoller zu werden, hoffentlich nicht über den Haufen werfen. Da müssen Sie durch, selbst wenn Sie mit Spott bisher nicht viel am Hut hatten, müssen sich einlassen, Ihre Scheu ablegen. Denn nur so werden Sie frei sein im Kopf wie im Herzen, sich Humorvolles einfallen zu lassen.

Verabschieden sollten Sie sich zunächst von dem Vorurteil, wonach Spott immer etwas Unangenehmes, Verletzendes, zu Vermeidendes sei. Es gibt diesen bloßen Spott, der mit dem Lächerlichmachen von Menschen oder deren Werten zu tun hat, der in Verbindung mit

Verachtung bis zum Hohn, mit Schadenfreude bis zur Häme getrieben werden kann. Und es gibt diese ungewisse Spottkomponente in jedem Humor, jedem Scherz, jedem Witz, jeder Komik. Ohne diesen speziellen, ungewissen Spott werden Sie keinen Humor zustande bringen, weder offenen noch hintersinnigen, weder harmlosen noch boshaften. Gerade Spott ist oft ein Grund, warum wir blockiert sind für Humor, uns nicht trauen, uns zurückhalten, was übrigens mehr auf Frauen zutrifft als auf Männer.

Die Doppeldeutung allein reicht jedenfalls nicht aus für Humor. An einschlägigen Sprüchen, etwa zu Werbezwecken, können Sie es sehen: „Die Zeitung mit Format"; „Mit unseren Computern können Sie rechnen", „Ihr langes Haar kommt bei uns nicht zu kurz", „Mit dieser App haben Sie gute Karten", „Diese Kamera macht Sie scharf". Vielleicht kennen Sie die Tankstelle, wo alles super ist oder die Automarke mit dem Vorsprung durch Technik. Mit einer anderen Firma können Sie sich Ihr Geld sparen, oder ein Optiker hat nur Ihre Augen im Kopf. Das sind Wortspiele zweifacher Deutung, originell, skurril, kurios, aber nicht witzig oder humorvoll. Es fehlt die ungewisse Spottkomponente.

> *Treffen sich zwei Unsichtbare. Sagt der eine zum anderen: „Lange nicht gesehen."*

Auch dieses Witzchen hat eine rein sachliche, gedankliche Doppeldeutung zu bieten, mehr nicht. Es fehlt der Gefühlszwiespalt, der vom ungewissen Spott ausgelöst wird. Humor lebt von Konflikten, Gemeinheiten, Sünden, Marotten, Fehlschlägen, Ärgernissen, Ängsten, Missverständnissen, Ahnungslosigkeit, Unterstellungen, Eitelkeiten – vor allem aber von Überraschung und Schadenfreude. Das Schmunzeln, sich Amüsieren oder Lachen, das der Humor bewirken soll, nährt sich zu einem nicht unerheblichen Teil von dem Gefühl eigener Überlegenheit.

In dem obigen Witzchen geht es um zwei offenbar vollkommen gleiche Figuren, wobei die Feststellung des einen genauso für den anderen Unsichtbaren gelten könnte. Insofern gibt es hier keine Ungereimtheit, kein Gefälle, keine Gefühle für die beiden Figurenparteien, erst recht keine widersprüchlichen. Würde der angesprochene Unsichtbare hingegen erwidern: „Stimmt, ich kann dich schon lange nicht mehr sehen“, würde sich ein Konflikt andeuten, käme eine Abneigung zum Ausdruck, hätten wir es mit ungewissem Spott zu tun. Denn der andere Unsichtbare sieht sich mit einer Antwort konfrontiert, die sowohl für seine eigenen Gefühle heikel wäre als auch die des Humorkonsumenten in Bewegung versetzen und dabei eine kleine Schadenfreude erzeugen würde.

Sie müssen deswegen aber nicht gleich zurückschrecken, nicht zweifeln, sich nicht fragen, ob Ihr Humor ausreichend freundlich und stubenrein ist, nicht zu boshaft, zynisch oder geschmacklos, politisch unkorrekt oder sexistisch gar und deshalb nicht in die Zeit, in die Situation oder zur Zielgruppe passt. Grundsätzlich hat Humor nicht freundlich und anständig zu sein. Humor ist vom Gedanken her stets doppeldeutig, von den Gefühlen her zwiespältig. Er trickst eine Menge, beim Spott vor allem. Und Sie haben es in der Hand, haben die Möglichkeit abzuwägen, den Spott zu relativieren, zu entschärfen, richtig einzusetzen. Wie das geht? Kurz vier Punkte dazu:

Selbst wenn zum Ersten die Zielscheibe des Spotts als Person real existiert und neben anderen Leuten anwesend ist, müssen Sie vor Humor nicht zurückschrecken, nur weil er Spott enthält. Denn manchmal hat die Zielscheibe den Spott verdient, stellt er eine so elegante wie wirksame Abwehr-, Schutz-, Bestrafungs- und Erziehungsaktion dar, verschafft Ihnen Respekt und Genugtuung sowie die Anerkennung anderer. Denken Sie an Situationen, die nach Schlagfertigkeit verlangen, weil man Ihnen oder anderen gegenüber herausfordernd, anmaßend oder unhöflich ist, weil man provoziert, täuscht, herabwürdigt, beleidigt, anschwärzt, blamiert. In diesen Fällen sollten Sie froh sein, Humor zur Verfügung zu haben, mit dem sich der Spott vortrefflich transportieren lässt. Aber auch sonst, in einer festen Gruppe, in der sich alle kennen, einander nicht abgeneigt, aufeinander angewiesen sind, etwa unter Kollegen, in der Familie, im Freundeskreis muss eben mal einer, natürlich abwechselnd, dran glauben, damit die anderen auf ihre Kosten kommen, ihren Spaß haben.

Zum Zweiten ist die Zielscheibe in der Mehrzahl Ihrer humoristischen Aktivitäten gar nicht anwesend, ist nicht mal real, nur fiktiv oder angedeutet. Dann übernehmen Figuren eine anonyme Stellvertreterrolle für vergleichbare Menschen oder einen bestimmten Menschentyp, für allseits bekannte Schicksale, Eigenschaften und Verhaltensweisen. Entscheidend ist zu verstehen, dass wir es bei jeder Art von Humor, Witz und Komik mit demselben Schema des ungewissen Spotts zu tun haben: Egal, ob die Figuren real oder fiktiv oder nur schemenhaft vorstellbar sind, ob es sich dabei um Einzelpersonen, Gruppen oder die Mehrheit handelt – stets brauchen wir zwei Figurenparteien, den Spötter und die Zielscheibe. Und beachten sollten Sie, diesen Figurenparteien kein zu ausgeprägtes Profil zu verleihen, sie nicht zu vielschichtig und sympathisch zu gestalten, stattdessen oberflächlich, schemenhaft, damit dem Humorkonsumenten kein Zuviel an Mitgefühl in die Quere kommt, er angesichts des Schicksals und des Spotts, die der Zielscheibe widerfahren, kein Übermaß an Mitleid entwickelt.

Humor ist kurz, schnell, kompakt, fragmentarisch und flüchtig, oft zwar mit Hintersinn, aber ohne Tiefgang, weder vom intellektuellen Anspruch und den Figuren noch von den zugrunde liegenden Gefühlen her. Am Ende soll sich jemand amüsieren, möglichst lachen – das wiederum sind starke Emotionen. Diese entspringen zu einem großen Teil dem Zwiespalt aus einander gegenläufigen Gefühlen wie Begeisterung und Abneigung, Mitleid und

Schadenfreude sowie Lust und Hemmung, die sich in etwa die Waage halten müssen.

Zum Dritten sollte sich der Spott Ihres Humors so oft es geht auch gegen den Spötter richten. Das heißt, Sie oder die entsprechende Stellvertreterfigur nehmen sich selbst auf die Schippe, legitimieren dadurch zugleich den Spott gegen andere. Humor im engeren Sinne, in Form von Selbstironie oder Galgenhumor, lebt genau davon, dass Spötter und Zielscheibe identische Personen sind. Das Grundschema des ungewissen Spotts wird damit nicht durchbrochen, gilt dennoch für sämtliche Formen von Humor, Scherz, Witz und Komik.

Zum Vierten verleiht die Doppeldeutung dem Spott eine gewisse Unverbindlichkeit, was den Spott vage, fraglich, bestreitbar, also ungewiss macht: Der Spötter kann sich jederzeit mit Bezug auf eine ihm genehme Deutung herausreden, das so nie gemeint zu haben. Und die Zielscheibe ist sich ohnehin darüber unsicher, was sie fühlen und denken, wie sie reagieren soll, da sie nicht weiß, ob es sich bei dem ungewissen Spott um einen gewollten Angriff, eine Andeutung, Anspielung oder Unterstellung oder vielleicht nur um ein Missverständnis handelt.

Intuitiver Stil mit Pointe

Während es bei den ersten drei Bausteinen um den Inhalt des Humors ging, um den Ausgangsstoff sowie um die sachliche und emotionale Seite der Komik, kommt es bei diesem letzten Baustein auf die Form an. Denn Humor ist, damit er funktioniert, in hohem Maße auf eine eigene Ästhetik, einen bestimmten Stil angewiesen. Komik entsteht allein dort, wo spontan in einem ausgewogenen Kontrast eine vertraute auf eine unerwartete Deutung stößt und wo bestimmte Gefühle für den Schützen und die Zielscheibe des ungewissen Spotts aufeinanderprallen. All das spielt sich im Kopf des Humorkonsumenten weitgehend im intuitiven Bereich ab.

Dieser Bereich hat mit unseren Instinkten, Reflexen, Trieben und Ahnungen zu tun, bekannt auch unter den Begriffen Bauchgefühl, innere Stimme, richtiger Riecher, sechster Sinn. Intuitive Bewertungen und Entscheidungen sind gegenüber rationalen, bewussten Denkprozessen oftmals zuverlässiger, da sie auf einer großen Zahl von Informationen beruhen, die das menschliche Gehirn in Bruchteilen einer Sekunde in Form von Gefühlen und sonstigen Impulsen zwecks Bewertung und Entscheidung zu verarbeiten vermag. Allerdings ist das Bauchgefühl nicht für alle Bereiche des Lebens geeignet. Unsere Intuition ist störanfällig, leicht lassen wir uns täuschen, etwa bei der Liebe auf den ersten Blick. Oder wenn der Verkäufer uns duftenden Kaffee serviert, geschickt Komplimente platziert, unser Ego und unsere Eitelkeit streichelt: Dann entscheiden wir uns letztendlich doch für die sündhaft teuren Schuhe, obwohl wir sie eigentlich nicht benötigen, das Geld dafür nicht haben, unsere Wahl hinterher nicht verstehen, auch weil sie kneifen und scheuern.

Immerhin gibt es ernst zu nehmende wissenschaftliche Auffassungen darüber, dass wir Sklave unseres Unterbewusstseins sind und dadurch im Grunde keinen freien Willen besitzen. Bedeuten muss das nichts Schlimmes, wird nur in jenen Fällen zum Problem, in denen unsere unterbewussten Entscheidungen entweder auf zu wenigen Informationen basieren oder manipuliert werden. Beim Humor ist beides der Fall, Humor bedient sich gezielt dieser Störanfälligkeit unterbewusster Prozesse, indem er durch seine gedankliche Doppeldeutigkeit und emotionale Zwiespältigkeit irritiert, überrascht, überrumpelt, unsere Intuition aufs Glatteis führt.

Dazu muss der Humor in seiner Ausdrucksform allerdings bestimmten Anforderungen genügen, muss selbst intuitiv erfasst werden können. Deshalb sollte er einfach, ansprechend und eingängig daherkommen, damit sein Konsument ihm zwar aufgeschlossen gegenübersteht, ihn aber unterschätzt, nicht als geistige Hausforderung sieht. Denn funktionieren kann die Komik nur dann, wenn der Humorkonsument sie spontan verarbeitet, nicht erst groß über sie nachdenken muss, sie nicht seinem kritischen, durch Logik, Vernunft, Wirtschaftlichkeit, Moral und Political Correctness geprägten Verstand analytisch unterzieht.

Insofern kommt es beim Humor auf hohe Allgemeinverständlichkeit, Wiedererkennung und bildliche Klarheit an, brauchen wir einen mühelos erfassbaren, komprimierten, präzisen, anschaulichen und kraftvollen Ausdruck. Dazu gehören spielerische Leichtigkeit und Eleganz durch Rhythmus, Klang und Fluss sowie nicht zuletzt durch Timing. Zugleich muss der Humor schlicht, sparsam, schnörkellos, lückenhaft, stets auslegbar und möglichst indirekt, dennoch anregend bunt gestrickt sein, damit die verschiedenartigen Fantasien seiner Konsumenten ihren jeweils eigenen Raum finden, sich zu entfalten. Schließlich will jeder den Humor für sich individuell, nach eigenem Bedarf, Verständnis, Anspruch und Geschmack interpretieren, zu einem Teil miterfinden.

> *Humor kann nur so gut sein wie die Fantasie seines Adressaten. Diese Fantasie ausreichend anzuregen, ist wiederum Aufgabe unseres Humors.*

Humor, insbesondere dessen Pointe, füttert den intuitiven Bewertungsmechanismus seines Konsumenten zunächst an, schlägt ihm dann aber ein Schnippchen, um die andere, oft vernachlässigte Seite unserer Psyche so harmlos wie legitim rebellieren, triumphieren zu lassen. Dazu zählen: erstaunliche Einfachheit, kindlich-naive Unbeschwertheit, verrückte Kombinationen und schräge Blickwinkel, auch versagte Sehnsüchte und Wünsche sowie Fehler, Macken, Komplexe und Triebe oder unterdrückte Laster, Vorurteile, Ängste und Aggressionen. Erst dadurch werden Überraschung und Erleichterung, Lust und Spaß, spielerische Zerstreuung, Unterhaltung und Entspannung als Voraussetzungen für den Humoreffekt möglich.

Um all das zu erreichen, müssen Aufbau, Ausdruck und Darbietung unseres kleinen Humorwerks stimmen. Zwar gelten für Komödien, Stand-up-Comedy und Kabarettbeiträge wie auch für Sitcoms, Sketche, Scherze und Witze jeweils eigene Anforderungen, ein wenig anders als etwa bei Cartoons, Comics, Karikaturen und Pantomime. Gewisse Grundsätze des intuitiven Stils gelten jedoch für alle Humorformen nahezu gleichermaßen.

Damit sind wir am Ende des ersten Buchs. Mit der abschließend behandelten Komikeinheit haben Sie einen zunächst stark komprimierten Abriss dessen erhalten, was jedem Humor in allen seinen Formen und Facetten zugrunde liegt. Wenn Sie nun diese Komikeinheit besser veranschaulicht haben möchten, richtig verstehen und praktisch anwenden wollen, um Ihren Humor zu entwickeln, produktiver, kreativer und treffsicherer mit ihm umzugehen, seien Sie gespannt auf die beiden weiterführenden Bücher „Der Bauplan des Humors“ und „Humor kreativ“. Freuen dürfen Sie sich darüber hinaus auf eine noch größere Menge amüsanter Beispiele.

Über den Autor

Helge Schönhusen ist promovierter Wirtschaftswissenschaftler und arbeitete als Hochschullehrer, Wirtschaftsforscher und Finanzierungsspezialist für Unternehmen. Insofern hat er beruflich bereits eine Menge mit Menschen zu tun gehabt, Ihnen Wissen vermittelt, etwas präsentiert und verkauft, sie beraten, betreut und geschult. Humor war für ihn dabei weder nur ein Hobby noch schlichtweg Unterhaltungsspaß, sondern ein stets höheres Lebensprinzip, ein Faktor täglicher Kommunikation, geschäftlichen Erfolgs und seelischen Ausgleichs. Studiert und analysiert hat er dazu über Jahre hinweg auch das mündliche und schriftliche Humorverhalten seiner Mitmenschen. Aufbauend auf den bisherigen Menschheitserkenntnissen über Humor, Witz und Komik ist daraus das Projekt seiner Bücher-Trilogie „Eine Formel fürs Leben“ entstanden. Weitere praktische Erfahrungen als Humorist konnte er in Kursen an der Comedy-Akademie sowie als Gagschreiber sammeln. Mit seinen inzwischen weit über 4000 schrägen bis witzigen Kommentaren zu aktuellen Meldungen ist er eine feste Satire-Größe auf Twitter. Der Autor hat zwei erwachsene Kinder und lebt in Berlin.

Printed in Poland
by Amazon Fulfillment
Poland Sp. z o.o., Wrocław

66080833R00127